CUARTO Y MITAD

Carlos de Francia Blázquez

lecturas-hispanicas.com

Cuarto y mitad
© Carlos de Francia Blázquez
por los textos y la imagen de la cubierta
Colección Lecturas hispánicas
1ª Edición: 8 de diciembre 2015
© Para esta edición: Servando Gotor, 2015

Lecturas hispánicas
www.lecturas-hispanicas.com
Zaragoza (España)

ISBN-13: 978-1519758705
ISBN-10: 1519758707

ÍNDICE

ADVERTENCIA DEL AUTOR...7
CUARTO Y MITAD 11
1. San Ivo y el sermón quinto del P. Varon.............................. 13
2. Evolución de la clientela 17
3. Colegio de Abogados de Calatayud 21
4. Los procesos en la literatura... 25
5. El manuscrito del Libro Verde de Aragón 31
6. Alera foral y apenamiento de ganados................................ 37
7. El Buen Ladrón 43
8. El primer sitio.. 49
9. En memoria de los abogados y literatos Eduardo Valdivia y José
Manuel Lozano 55
10. Desde los molinos de pólvora hasta el proceso de purificación 61
11. Servidumbre de sirga... 67
12. Miguel Monserrat y el viejo boletín del Colegio de Abogados........ 73
13. Los pequeños oficios perdidos 79
14. La defensa del honor 85
15. La nostalgia de Sefarad.. 91
16. El estraperlo... 97
17. Términos jurídicos de la lengua aragonesa. Los ademprios 103
18. El testamento de Don Quijote 109
19. Jafet de la Montaña 115
20. El dolor de lo evidente.. 121
21. El pícaro Teófilo 125
22. Dos figuras parentales perdidas en la Historia 131
23. La casa lugar 137
24. Artífices de mendigos 143
25. La Ciencia y la Pedagogía frente a la Inquisición. Galileo Galllei y José
de Calasanz 149
26. Un testamento ante el párroco 155

27. Arzobispo de Zaragoza y sacristán de Juslibol 159

28. Una nueva metamorfosis 165

29. Carta abierta a Cecile Kyenge y Christiane taubira, ambas ministras de raza negra 169

30. El espíritu del lunes 173

31. Los diseminados campestres en Aragón 177

32. Hospital incidental: el lenguaje del dolor 183

33. El vocabulario de Aragón. Génesis del manuscrito 32-D de la RAE 189

34. Los procesos en la literatura (II) 193

35. El primitivo Hospital de Nuestra Señora de Gracia. Sus particulares privilegios 197

36. El verdadero origen y destino de los almogávares. Especial referencia a Santa Isabel de Portugal 203

TAMBIÉN EN Lecturas hispánicas 209

Advertencia del autor

CUARTO Y MITAD comprende varios artículos sobre temas diversos, la mayor parte de ellos publicados en diversas Revistas durante los años 2007/2015, y algunos inéditos.

Como se comprenderá, el título del libro es aleatorio, por no decir caprichoso, sin más finalidad que la meramente recopilatoria, puesto que cada artículo tiene su propio y específico título relacionado con el tema que trata.

A lo sumo CUARTO Y MITAD podría indicar la austeridad y medidas precisas en esta especialidad literaria, dado el escaso espacio físico en que ha de plasmarse, lo que implica capacidad de síntesis y dominio argumental especiales.

Alguno de los artículos ahora recopilados son intemporales, más otros están íntimamente ligados a acontecimientos concretos cuya sucesión ha de ser tenida en cuenta.

En cualquier caso, espero que el libro resulte ameno y obtenga el beneplácito del lector.

Zaragoza, diciembre de 2015

EL ARTICULISTA

Cuarto y mitad

1. SAN IVO Y EL SERMÓN QUINTO DEL P. VARON

Al curiosear un libro impreso en el año 1.763, obra de Fray Marco Antonio Varon, de la orden de San Francisco, titulado *Sermones varios*, encontré el que en el libro figura literalmente como *Sermón Quinto del célebre Abogado San Ivo, predicado al famoso Colegio de Abogados de Zaragoza en el Convento de San Agustín, con asistencia de la Real Audiencia.*

Y vino a mi memoria la meritísima labor investigadora sobre los orígenes de nuestro Colegio, llevada a cabo por el compañero Daniel Bellido, y la no menos loable tarea de divulgación desarrollada por el también compañero Antonio Teixeira, especialmente en la Ponencia que sobre este tema pronunció en La Cadiera el diecisiete de Febrero de 1.998.

Por el trabajo de ambos sabemos que ya en el año 1545 existía, como antecedente, la Cofradía de Letrados del Señor San Ivo, después Real Colegio de Abogados de Zaragoza, cuya primera Sede fue precisamente el Convento de San Agustín, destruido casi totalmente en la Guerra de la Independencia de 1808-1809 y convertido hoy en Museo de la Historia de la Ciudad. Y es de notar que, a pesar de ello, no se ha dejado en el mismo constancia alguna de la presencia y asentamiento que en su día tuvieron allí los abogados zaragozanos.

Pero fue en dicho Convento donde el P. Varon, contratado sin duda especialmente para la fiesta , como era entonces costumbre hacer por las instituciones, las parroquias etc., predicó su Sermón Quinto del célebre Abogado San Ivo, al famoso Colegio de Abogados de Zaragoza, con asistencia de la Real Audiencia. Lo que viene a acreditar el prestigio que en el siglo XVIII tenía nuestra Institución y la consideración hacia ella por parte de Jueces y Magistrados, quienes deberían suspender sus actividades jurisdiccionales y considerar festivo el día de San Ivo para participar en sus celebraciones.

El P. Varón, con lenguaje vibrante como correspondía a un predicador de fama, vierte una serie de consideraciones que resultan aun hoy de plena aplicación y que podrían considerarse, en la terminología actual, como reglas deontológicas de nuestra profesión y, a veces, normas de política judicial para la buena administración de justicia. Entre ellas, destacamos las siguientes:

> Sabía bien nuestro abogado que es la diligencia una de las primeras obligaciones de los abogados. Y no aquélla que consiste en revolver volúmenes, en registrar autores, en no omitir razón o circunstancia alguna que pueda conducir al buen éxito de la causa, sino aquélla que consiste en despachar pronto la causa, piérdase o se gane la sentencia.
> Aborrecía San Ivo aquellos pleitos que se van a eternos, donde computados las molestias y los gastos, más que ganarlos después de un siglo, se ganara en perderlos desde luego. Porque esas victorias son como las victorias de Jacob, a quien la Escritura nos lo pinta anegado en llanto después de haber logrado un triunfo.

A propósito de la necesaria y excelsa función del abogado, añade:

Ha de ser el abogado un puro cristalino espejo en que tenga la justicia su retrato; espejo que no calle las fealdades ni oculte las perfecciones. Como decía Cicerón, el abogado es el alma de las leyes, pues si es la ley un abogado sin lengua, es el abogado la ley con habla.

Enaltece este predicador dieciochesco la virtud o condición de la limpieza, refiriéndose a la honradez y honestidad de San Ivo, de quien dice:

dora el barro y no se mancha, ilumina el aceite y no se unta, anda sobre la plata y no la toca, cruza sobre el oro y no se ceba.

Cuentan los clásicos que en la Roma pagana, los abogados, en obsequio de su deidad Themis, a la que veneraban el primer día de cada año, le ofrecían como sacrificio un pleito. Era su diosa tutelar y, dentro de la superstición, creían que el modo de tenerla favorable y propicia era ofrecer en su ara una causa, juzgando que así sería el año abundante en pleitos y que, por tanto, no pasarían ellos mal año.

Después, enmendando el torpe error de Roma, ya desde San Agustín, a quien se puede considerar abogado, hasta nuestros días, los abogados exhortan a la composición, disuadiendo de los litigios y proponiendo un amigable convenio. Y el día de su patrón San Ivo, los abogados de Zaragoza no le ofrecen un pleito, sino su devoción: cada uno desde su perspectiva, a su manera y conforme a sus creencias, pero todos admirando sus virtudes y reconociendo a San Ivo como su Abogado, aunque como abogados no puedan vivir sin pleitos, lo mismo que el médico no puede vivir sin enfermos ni los soldados sin campañas.

Por otra parte, hay en el *Sermón Quinto*, como en todo discurso bien estructurado, algunos destellos poéticos y detalles de fina ironía cuando no de humor, para descanso de la mente. Por ejemplo, cuando el predicador, con su habitual elocuencia y evidente exageración, lleva a cabo una definición genérica del pleito, diciendo que éste

> no es otra cosa que ocasión a la boca de suspiros, de lágrimas a los ojos, a la lengua de quejas, al pecho de congojas, al ánimo de inquietud, de sobresaltos al corazón, a la salud de ruina y a la hacienda de pérdida

> Tanto es así —*prosigue*— que viendo Justo Lipsio, en Amberes, el sepulcro de Abraham Ortelio, célebre geógrafo, y sabiendo que no había tenido un pleito en su vida, juzgándole entre los mortales el más dichoso, le puso en su sepulcro este epitafio:

> *NO TUVO MUJER, HIJOS NI PLEITOS.*

Y no deja de tener gracia también aquel dicho, por cierto no muy alejado de la realidad, de que no hay Juez que no palidezca hasta en la toga cuando un Abogado, mirándole a los ojos, pronuncia la temida frase "seré breve". Pero esta última anécdota no pertenece al Sermón Quinto, de San Ivo, pronunciado por el P. Varón, sino al patrimonio intelectual del compañero Antonio Teixeira, antes mencionado.

Zaragoza, junio de dos mil siete

2. Evolución de la clientela

Las llamadas MEMORIAS de Marco Valerio Marcial, escritas hace más de un siglo por el literato francés Julio Janin, son en realidad una composición biográfica de aquél extraída del texto de sus mil quinientos dieciséis epigramas, con indudable maestría.

En estas Memorias se hace figurar que el propio Marcial relata su mísera situación al llegar a Roma desde Iberia, viviendo aun Nerón.

Cuenta que para sobrevivir hubo de integrarse en la clientela de los subalternos de la Corte, es decir, los senadores y patricios, a quienes se veía obligado a adular para recoger el pedazo de pan o contar chistes a cambio de las sobras del banquete, junto con otros muchos clientes, comensales vacuos y famélicos.

Cuenta que a veces se veía obligado a ayunar en su modesto aposento, después de haber atravesado el Tíber y vagado todo el día en vano por el recinto de los Comicios, el templo de Isis, el jardín de Pompeya y los bosques de Fortunato, llenos de tinieblas, hasta la extenuación.

Esta cohorte de parásitos y aduladores, generalmente poetas y voceros de las leyes, que por necesidad ofrecían el elogio inmerecido y la ocurrencia chabacana y soez a cambio de ocupar un mezquino taburete o comer en el suelo, mientras el patrono lo hacía en vajilla dorada y reclinado en suntuoso lecho de marfil, estos harapientos —digo— formaban la clientela. Y eran más desgraciados que los siervos, pues no tenían comida, ni un baño para asearse, ni un libro para su recreo, ni un amigo en quien confiar, ni una mujer a quien amar.

Ocho siglos más tarde, en la España dominada por los árabes y durante el predominio del califato de Córdoba, se fomenta la institución clásica de la clientela, pero dotándola de un contenido y finalidad distintos a los que tuvo en Roma.

En efecto, formaban esta clientela los llamados eslavos (gente del Norte), que eran gallegos, francos, lombardos y habitantes del Mar Negro, educados desde niños en el palacio califal. Estos clientes poseían formación más sólida que la generalidad de los súbditos y formaban el plantel de los empleados administrativos y mandos militares. Su número fue creciendo y también sus riquezas, llegando a formar un cuerpo privilegiado.

La clientela romana, de relación descendente y predominio absoluto del patrono sobre el cliente, se convierte en Al-Andalus en una relación paritaria donde ambos extremos se necesitan y complementan.

En la época moderna y hasta nuestros días, la clientela ha experimentado una evolución radical con respecto a las anteriores. El cliente ha ido ganando posiciones en su relación con los patronos: artesanos, comerciantes, industriales, profesionales etc., que han sustituido al senador y al califa.

La relación es ascendente e inversa a la de Roma en cuanto el predominio corresponde al cliente. Los poderes públicos internacionales y nacionales han dotado al cliente de innumerables mecanismos ofensivos-defensivos; y le adulan, llamándole eufemísticamente consumidor, usuario, impositor, paciente, patrocinado etc., a cuyos apelativos se acompañan sendas leyes protectoras, con frecuencia de muy escasa eficacia práctica.

La estructura socio-económica, la competencia, la competitividad y la publicidad , han acuñado la frase de "el cliente tiene siempre razón", que aun cuando constituye un tópico comercial, supone una confirmación de lo que antecede.

No obstante, esta teoría del predominio del cliente parece quebrar en un caso concreto por la específica denominación que se le reserva. Nos referimos al cliente del médico. ¿Cuál es la razón de que se le llame *paciente*, es decir, persona que ha de estar dotada de paciencia? La cuestión es digna de reflexión.

Zaragoza, octubre de dos mil siete

3. COLEGIO DE ABOGADOS DE CALATAYUD

Calatayud tuvo su propio Colegio de Abogados independiente durante los años 1820-1823 en que, como se sabe, fue la cuarta provincia de Aragón; y después, a lo largo del siglo XIX, seguramente como reminiscencia de aquélla peculiar situación político-administrativa.

La provincia de Calatayud fue una realidad en la vida y en el espacio, y aunque efímera temporalmente, constituye un hecho histórico a destacar, desarrollado en el trienio liberal que se inicia con el levantamiento de Riego, el 19 de Enero de 1820, y acaba con la restauración del absolutismo por las Cortes de Cádiz de 1823.

No nos consta fecha exacta ni reseña histórica de la instauración de este Colegio de Abogados, pero no obstante obran en mi poder, encuadernadas junto con las ordenanzas municipales y otros asuntos, las Listas de Abogados y Guías Judiciales de Calatayud de los años 1883, 1884 y 1889.

En la primera de ellas se hace referencia a los abogados inscritos el día 1 de Abril de 1883, en el acto de su instalación.

Este término, instalación, ausente del frontispicio de las otras dos Guías, pudiera indicar que fuera precisamente en ese año y no antes cuando se instaura el Colegio; pero tal deducción resulta aventurada si se tiene en cuenta que la atribución de ser de colegial ha estado, por lo general, íntimamente ligada a la categoría de provincia y esta se creó en el año 1820.

Parece más probable que alguna de las Instituciones surgidas con el advenimiento de la provincia pudieran haber perdurado durante un número determinado de años, con plena autonomía o manteniendo un status intermedio de relativa dependencia de Zaragoza.

Los colegiados en 1.883 eran 74, en 1884 79 y en 1889 otra vez 74. Todos ellos estaban relacionados con su nombre, apellidos y domicilio. Y al final de la lista de colegiados aparecía el nombre del portero del Colegio, detalle éste realmente conmovedor.

No todos los inscritos residían en la ciudad de Calatayud, sino que estaban domiciliados en distintas ciudades y pueblo: Madrid, Alicante, Teruel, Daroca, Cervera de la Cañada, Burgo de Osma, Santa Clara (Isla de Cuba), etc.

Satisface comprobar que Letrados Ilustres de Zaragoza, tales como Don Francisco de Villalba y Linares, Don Joaquín Gil Berges, Don Clemente Ibarra Pérez, Don Rafael Marqueta Burbano y Don Faustino Sancho y Gil, figuraban inscritos en el Colegio de Abogados de Calatayud.

La Junta de Gobierno estaba compuesta en todos esos años por el Decano, cuatro Diputados, un Tesorero y un Secretario-Contador a los que se les denomina Individuos de la Junta.

En clave de humor cabría preguntarse: ¿significa esto

que para formar parte de la Junta de Gobierno era preciso constituirse previamente en Individuo, o la pertenencia a la Junta otorgaba, por ministerio de la norma, la categoría de Individuo?

Para contestar adecuadamente habrá de considerarse que esta palabra no tenía entonces la carga peyorativa que actualmente ha adquirido a consecuencia del mal uso de la misma, o probablemente como resultado de la evolución del lenguaje impulsada por los usos y costumbres cambiantes. Y que una de sus acepciones más nobles es precisamente la de persona perteneciente a una clase o corporación.

Es de señalar también como curiosidad la inclusión en las tres Guías de los llamados Juzgados de Campo, que no son precisamente los encargados de resolver los pleitos de naturaleza agrícola y ganadera, como pudiera parecer, sino probablemente órganos judiciales competentes en el ámbito castrense. Conviene recordar que Calatayud fue durante muchos años una de las plazas militares más importantes de la Península con un alto contingente de mandos y tropa.

Por otra parte, destacaremos que era ya preocupación primordial del Colegio de Abogados de Calatayud el cobro puntual de las cuotas colegiales, lo que resulta patente con la simple lectura de la 3ª de las ADVERTENCIAS insertas al comienzo de las Lista, donde se expresa "….y si algún colegial dejara de pagar la cuota que le corresponde satisfacer, pasado el plazo reglamentario de 15 días sea excluido del Colegio y borrado de sus Listas".

Ahora bien, no se piense que la exigencia, manifestada de forma tan expeditiva, era exclusiva de un Colegio sin tradición surgido de circunstancias excepcionales. Porque el Real e Ilustre Colegio de Abogados de Zaragoza, en la ADVERTENCIA 6ª de las que se comprenden en su Guía del año 1904, viene a decir exactamente lo mismo, aunque con una ligera variación terminológica: "...se previene que si algún colegial dejara de pagar la cuotas que por gastos del Colegio le corresponde satisfacer, se le concede por la Junta de Gobierno un plazo de 15 días para que lo verifique, y no haciéndolo, que sea excluido del Colegio y borrado de sus Listas".

Habremos de convenir que el afán recaudatorio es universal en el tiempo y en el especio, siquiera hoy nuestros Colegios hayan desterrado el automatismo, dulcificada la exigencia y humanizada la obligación esencial de todo colegiado, arbitrando al efecto un expediente administrativo susceptible de recurso, con respeto a los principios de defensa y contradicción, dentro del cual pueden presentarse alegaciones y proponer pruebas de descargo.

Claro que, sobre este particular, nos preguntamos cuál sería la eficacia de nuestras alegaciones, hechas desde la penuria económica, frente a los antedichos principios constitucionales. La respuesta corresponde al lector.

Maluenda, diciembre de dos mil siete

4. Los procesos en la literatura

La Justicia ha sido siempre un anhelo primigenio y elemental del hombre, que nace como una necesidad ineludible en el momento en que surge la convivencia social.

En todas las sociedades, desde la más primitiva, encontramos vestigios del sentimiento de justicia y del órgano que la administra, aun cuando la forma de exigirla y realizarla haya sido distinta.

Desde la ley del Talión hasta las actuales fórmulas de respeto a la dignidad dentro de la sanción, prevalencia de la reinserción social frente al castigo, e incluso acercamiento del culpable a la víctima por el arrepentimiento y la reparación a través del mediador, han existido multitud de fórmulas sucesivamente sustituidas, pero todas ellas bajo el denominador común de dar a cada uno lo que realmente le pertenece o se merece.

Frases como: "el que la hace la paga", "no quiero que me den pero tampoco que me quiten", "al pan pan y al vino vino" etc..., son expresiones populares que manifiestan el sentido y el deseo de justicia. Como lo son también las actitudes de repulsa frente a los abusos de poder que, invariablemente, crean desigualdad entre las personas.

Pero no cabe olvidar que cualquiera puede reclamar justicia pero nadie puede tomársela por su mano. La Administración de Justicia, como bien esencial de la persona y de la sociedad, ha precisado en todas las etapas de la historia de un intérprete ajeno a la contienda y, por consiguiente, imparcial para restablecer el equilibrio de la balanza.

No es pues extraño que la justicia, las formas y los procesos para postularla hayan tenido reflejo en la literatura, aun cuando el tratamiento dispensado a la misma en el narrativa, el teatro y aun en la poesía sean en parte fruto de la imaginación, al desenvolverse en el mundo de la fantasía.

Pueden ser ejemplo de ello, los peculiares procesos que relataremos, ocurridos en Aragón y extraídos: unos de la obra cumbre de Miguel de Cervantes y otros de la novela picaresca titulada: "Vida de Pedro Saputo", del aragonés Braulio Foz.

En el capítulo XLV de la segunda parte del "Ingenioso Hidalgo Don Quijote de la Mancha", Sancho Panza llega a la Insula Barataria (según los eruditos Alcalá de Ebro), cuyo gobierno le había concedido el Duque. Y una vez le dieron las llaves del pueblo y admitido que fue como gobernador perpetuo, le llevaron a la silla del Juzgado.

Al instante entraron dos hombres: uno vestido de labrador y el otro de sastre, diciendo este último que el labrador le había entregado un paño, preguntándole cuántas caperuzas le podría hacer con el mismo, a lo que contestó que cinco; y cómo el labrador no quería pagarle las hechuras, sino antes bien pretendía que le pagara o le devolviera el paño.

Sancho Panza preguntó entonces al labrador: ¿es todo esto así, hermano?. Sí señor, pero hágale vuesa merced al sastre que muestre las cinco caperuzas que me ha hecho.

El sastre, sacando la mano de debajo del herreruelo, mostró en ella las cinco caperuzas puestas en los cinco dedos de su mano.

En ese momento, Sancho Panza se puso a considerar un poco y dijo: "juzgando a juicio de buen varón, doy por sentencia que el sastre pierda las hechuras y el labrador el paño; y que las caperuzas se lleven a los presos de la cárcel".

Acabado este pleito, entró una mujer asida fuertemente de un hombre vestido de ganadero, dando grandes voces y diciendo: "¡justicia señor gobernador, este mal hombre me ha cogido en mitad del campo y se ha aprovechado de mi cuerpo como si fuera trapo mal lavado, y desdichada de mí, me ha llevado lo que yo tenía guardado más de 23 años, defendiéndolo de moros y cristianos!".

Sancho, dirigiéndose al hombre le pregunto qué respondía a la querella de aquella mujer. El hombre, todo turbado, respondió:

"Señor, volvía a mi aldea cuando topé en el camino con esta buena dueña y el diablo, que todo lo añasca y todo lo cuece, hizo que yogáramos juntos. Paguéle lo suficiente y ella, mal contenta, asió de mi y no me ha dejado hasta traerme aquí. Dice que la forcé y miente".

Entonces, el gobernador le preguntó si traía consigo algún dinero, a lo que el hombre respondió que veinte ducados tenía en una bolsa de cuero. Mandó Sancho que sacara la bolsa y se la entregara a la querellante, lo que hizo temblando. Tomó la mujer la bolsa haciendo mil zalemas y rogando a Dios por la vida y la salud del señor Gobernador, que así miraba por las huérfanas y las doncellas; y salió enseguida del Juzgado, la bolsa asida entrambas manos, aunque primero miró si eran de plata las monedas.

Apenas salió, Sancho Panza dijo al hombre que fuera tras la mujer y le quitara la bolsa, volviendo allí con ella.

Volvieron ambos más asidos y aferrados que la vez primera: ella la saya levantada y en el regazo la bolsa, y el hombre pugnando por quitársela sin conseguirlo, pues la mujer la defendía mientras daba voces diciendo: "justicia, mire vuestra merced señor Gobernador la poca vergüenza y poco temor de este desalmado, que en mitad de la calle me ha querido quitar la bolsa que vuestra merced mandó darme.

"¿Y os la ha quitado?, preguntó el Gobernador.

"¿Quitar?, respondió la mujer. Antes me dejara quitar la vida, ¡bonita es la niña!, otros gatos me han de echar a las barbas que no este desventurado, ¡tenazas, martillos, mazas y escoplos no serán bastante a sacármela de las uñas!.

"Ella tiene razón, dijo el hombre. Confieso que mis fuerzas no son bastantes para quitársela.

"Entonces, el Gobernador dijo a la mujer: mostrad, honrada y valiente esa bolsa.

"Ella se la dio y el Gobernador la devolvió al hombre y dijo a la esforzada y no forzada: 'hermana mía, si el mismo aliento y valor que habéis mostrado para defender esta bolsa lo mostrárades y aun la mitad para defender vuestro cuerpo, las fuerzas de Hércules no os hicieran fuerza. Andad con Dios y mucho de enhoramala, y no paréis en toda esta ínsula ni en seis leguas a la redonda, so pena de doscientos azotes. ¿andad luego, digo, churrilera, desvergonzada y embaidora'.

"Espantose la mujer y fuese cabizbaja y mal contenta. Y el Gobernador dijo al hombre: 'buen hombre, andad con

Dios a vuestro lugar con vuestro dinero y de aquí en adelante si no lo queréis perder procurad que no os venga en voluntar el yogar con nadie'".

Zaragoza, febrero de dos mil ocho

5. EL MANUSCRITO DEL LIBRO VERDE DE ARAGÓN

He creído interesante comentar este manuscrito, existente en la Biblioteca del Colegio de Abogados de Zaragoza, copiado en el siglo XIX por encargo del bibliotecario don Santiago Peña, de otro manuscrito anterior que se conserva en la Biblioteca Colombina de Sevilla.

El contenido del Libro Verde no es otro que la genealogía de los judíos conversos del Reino de Aragón desde el tiempo de San Vicente Ferrer.

El original apareció en el año 1550. Siendo prohibido por el Consejo de Aragón años más tarde, fueron recogidos sus ejemplares e incinerados en un auto de fe celebrado en la plaza del mercado de Zaragoza. Algún ejemplar debió salvarse de la quema y del mismo proceden los dos manuscritos ya citados y otro que se guarda en la Biblioteca Nacional.

Si es veraz la rúbrica con la que comienza la obra, su autoría ha de atribuirse a Juan de Anchías quien, en lo que podríamos llamar Exposición de Motivos, manifiesta su condición de asesor de la Inquisición y relata su salida de Zaragoza, primero a Peñaflor y después a Belchite, cuando en el año 1507 cae sobre la ciudad la saeta de la pestilencia que corrompía los vientos.

Anchías relata cómo en esos retiros tuvo la clara idea de publicar la genealogía de la mayor parte de los conversos de este Reino.

Para llevar a cabo su proyecto, se sirvió de lo que había visto durante su permanencia como asesor de la Inquisición en Huesca y Lérida, de lo que conoció a través de los testamentos y capítulos matrimoniales presentados en los procesos y de lo aprendido en las pláticas con algunos sabios y antiguos judíos.

Sigue explicando este personaje que decidió hacer lo que él mismo llama "este sumario", para que se supiera de qué generaciones de judíos descienden los siguientes y para que la expulsión general de 1.492 no quitara de la memoria los que fueron sus parientes. Eran tiempos en que se valoraba la llamada "limpieza de sangre" y se distinguía entre cristianos viejos y cristianos nuevos.

Durante los últimos cien años se han dado a la imprenta algunas versiones del Libro Verde, la mayor parte de ellas fragmentarias o de escasa pulcritud, hasta que en el año 1999 vio la luz la primera edición crítica digna y rigurosa, fruto de las investigaciones y el esfuerzo de Monique Thiry-Combescure. Se trata de un estudio comparativo de los tres manuscritos, presentado en la Universidad de Toulouse como tesis doctoral bajo el título de "El Libro Verde de Aragón. Contribución al estudio del problema judío en la Península Ibérica" (siglos XV-XVII).

No sería oportuno ahora mencionar los nombres de los conversos antes y después de su conversión. La curiosidad del lector como vehículo de conocimiento puede satisfacerse a través de la consulta de la precitada versión crítica de Monique Thiry-Combescure, editada por CERTEZA en el año 2003.

Por lo que respecta al manuscrito de nuestro Colegio, señalar que está encuadernado con tapas de cuero blanco y decorado con el escudo de Aragón, presentando dos partes bien diferenciadas: la primera de 218 folios, los dos primeros sin numerar, al igual que el manuscrito colombino del que está copiado y con las mismas rúbricas que éste; la segunda parte, tiene 14 folios con el título de genealogía de algunas familias de Aragón.

Se trata pues, realmente, de dos Libros Verdes, el segundo de dudoso rigor histórico, que se originan en un documento sacado —según el autor— del Libro Verde de Aragón que está en la Inquisición de Zaragoza. Diremos como curiosidad que, entre los conversos que se citan hay ropavejeros, menestrales, notarios, mercaderes, tesoreros, despenseros, juristas, abogados, pelegeros, barateros, pintores, etc.

Tengo para mí que los conversos fueron los judíos más ricos e influyentes, aquellos cuya prosperidad social y económica les aconsejaba no emprender la aventura de la diáspora. Pero ¿renegaron éstos efectivamente de sus creencias o conservaron en lo más íntimo sus anhelos bíblicos y esperanzas mesiánicas?

Siempre ha resultado muy difícil desarraigar a las personas de su tierra, cultura y religión, aun cuando formalmente apareciera lo contrario. Porque ciertos valores aún prevalecen frente a las circunstancias más adversas e incluso frente al poder que, en su afán legitimador, todo lo arrasa y todo lo justifica.

Relatos apócrifos cuentan también que Juan de Anchías, autor del Libro Verde de Aragón, soñaba con resaltar la traición de los conversos y enaltecer el sacrificio de los expulsados, judíos estos últimos fieles a su religión, que se vieron forzados a la travesía del Mediterráneo o de los Pirineos hacia tierras ignotas, sin apenas equipaje, arrastrando su dolor y su pobreza, en su espera permanente del Mesías.

Por otra parte, en el manuscrito del Colegio de Abogados de Zaragoza no se inserta el relato de la conspiración que desembocó en el asesinato del inquisidor zaragozano Pedro Arbués, canónigo de La Seo, conocido también como maestro de Épila, acontecimiento que se incluye en el manuscrito colombino y que tuvo gran repercusión en la época y el efecto de aumentar las ejecuciones a través de los autos de fe.

Se cuenta que los conversos Luis Santángel, bayle; Jayme Montesa, jurista; Jerónimo de Gabriel Sánchez, tesorero; Gaspar de Santa Cruz, mercader, y otros pérfidos e inicuos judaizantes, por estorbar el oficio de la Santa Inquisición, decidieron dar muerte a dicho inquisidor.

Tras diversos convertículos y conjuraciones, recibidas respuestas a sus cartas de los conversos de Calatayud, Barbastro y otras ciudades, tuvieron la primera congregación en casa de Mosen Luys Sánchez Santángel, en la Parroquia de San Felipe, decidiendo poner entre ellos dinero para los asesinos y designar como tales a Matheo Ram y Joan Esperandeo.

Estos dos últimos, el 16 de Septiembre de 1.485, vinieron a la puerta de la pavostria, y hallándola abierta para los maitines entraron en La Seo, el primero con su escudero Tristánico y el segundo con su mozo Vidan Durango, quedándose en la puerta Joan Abadía.

Pedro Arbués estaba arrodillado bajo el púlpito, entre el altar mayor y el coro, cuando el dicho Joan Abadía dijo a

Vidan Durango: "Dale, que ese es"; Vidan le dio una cuchillada, y como el inquisidor se levantase turbado para ir al coro, Joan Esperandeo le dio otra que le traspasó, cayendo Pedro Arbués al suelo, sin que la asistencia de los demás canónigos ni los cirujanos que vieron sus heridas pudieran salvarle la vida.

Descubiertos los autores intelectuales y materiales del crimen, todos ellos sufrieron los castigos implacables de aquel Tribunal del Santo Oficio, de tal manera que fueron quemados en persona viva y las estatuas de los que lograron huir. Únicamente Joan Abadía se libró del castigo, ya que se suicidó en la Aljafería, comiéndose una lámpara de vidrio.

Zaragoza, abril de dos mil ocho

6. ALERA FORAL Y APENAMIENTO DE GANADOS

En la Recopilación de derecho foral titulada "Instituciones de Derecho Civil de Aragón", escrita en colaboración por los abogados del Colegio de Zaragoza *Luis Franco y López* y *Felipe Guillén y Carabantes* e impresa en esta ciudad en julio del año 1841, se regulan *los pastos forales* y el *apenamiento de los ganados* dentro del Título Séptimo y artículos 274 a 290 de la misma.

Bien es cierto que esta recopilación de nuestro derecho propio —a la que en adelante llamaremos *Instituciones de Franco y Guillén*— no llegó a convertirse en ley. Su completísima regulación, a lo largo de seiscientos artículos y cinco Apéndices, abarcaba todas las instituciones forales vigentes, las decisiones del Justicia Mayor y de la Real Audiencia, sin olvidar las opiniones supletorias de los autores regnícolas; pero todo ello se perdió o desvirtuó lastimosamente entre los avatares políticos y el predominio centralista de la época.

Las Instituciones de Franco y Guillén, después de definir el derecho de pastos forales o alera foral como "la facultad que tienen los vecinos de un pueblo para introducir sus ganados en los términos de los pueblos inmediatos, y recíprocamente los habitantes de éstos para introducirlos en el término de aquél", recogen las limitaciones y prohibiciones relativas a ese derecho, así como las "penas" correspondientes a su quebrantamiento.

Hay dos limitaciones fundamentales: el derecho de alera foral recae exclusivamente sobre sitios públicos y comunes; y no se extiende a las viñas, huertos y heredades sembradas.

Entre las prohibiciones es obligado destacar: la de apacentar en otros parajes del término del pueblo inmediato que no sea aquél en el que confrontan ambos pueblos; la de entrar con los ganados en el término del pueblo inmediato antes de la salida del sol y permanecer en el mismo después del ocaso; la de disfrutar del derecho de alera foral en los términos de los pueblos inmediatos cuando el vecino haya tomado en arriendo yerbas en dichos términos para pastos de sus ganados; la de impedir mediante roturaciones o plantaciones hechas en el monte que los ganados del pueblo inmediato entren a disfrutar del derecho de alera foral; la de permanecer los ganados de un pueblo en el boalar del inmediato, etc.

Llamase *boalar* al vedado reservado que suele haber en los pueblos y que regularmente se destinaba a pasto de las caballerías de labor de sus vecinos.

Una excepción a las limitaciones del régimen general de la alera foral o una ampliación prácticamente ilimitada de ese derecho, fue establecida por privilegio real a favor de la Casa de Ganaderos de Zaragoza, entidad cuya antigüedad e importancia en todos los órdenes sería ocioso comentar ahora.

Dicho privilegio, otorgado por el Rey Don Jaime I hacia el año 1.272, hoy en desuso, facultaba a la expresada Casa de Ganaderos a pastar sus ganados en todos los términos comunes de los pueblos del Reino.

Siguiendo el Fuero 1.646, titulado precisamente "De la Casa de Ganaderos de Zaragoza", cualquier guarda o persona que pudiera legítimamente prendar, que viere a algún ganado hacer daño o estar en parte donde no puede entrar, lo puede prendar aunque cuando llegue a él se haya salido de la parte donde estaba, yendo en seguimiento y sin perderlo de vista.

Los ganados que entraren a pastar en tiempo o en terrenos vedados, con arreglo a lo prescrito en la Ley, a lo que los Ayuntamientos dispongan dentro del círculo de sus atribuciones, o a lo que deba observarse por costumbre inmemorial, incurren en las penas de *degüella, calonia* o de *satisfacción del daño causado,* advirtiéndose que no pueden exigirse las tres penas a la vez, sino la que el dueño de los pastos elija.

La pena de *degüella* consiste en poder matar una res si se encuentra el ganado en el pasto prohibido de día y dos si se le encuentra de noche, las que se llevará el dueño del pasto.

Sólo tiene lugar la *degüella* desde el día de la Santa Cruz de Mayo hasta el día de San Miguel. Sólo podrá cogerse *degüella* en los ganados menudos, como son los de lana y cabrío y únicamente cuando se les encontrase dentro de sitio vedado; de tal manera que, si hubieran sido vistos en él por el guarda, se salieran antes de llegar éste a dicho sitio, no podrá exigirse *degüella.*

Parece ser que cuando no se cogía *degüella* debía adverarse la pena ante el Alcalde, que sumariamente exigía prendas correspondientes, las cuales se vendían previa citación al dueño de los pastos haciendo pago a éste del importe y costas.

La *calonia* es en realidad una multa en términos actuales. Consistía en el pago de cuatro dineros por cada cabeza de ganado menor y doce por cada una de ganado mayor que se introduzca en huerto, viña o campo sembrado, con el límite de cien reses, no pudiendo apenarse un ganado por una misma persona más de dos veces al día.

Cuando no se exija ninguna de las dos penas expresadas, podrá reclamarse la *satisfacción del daño causado* en el juicio correspondiente.

De lo anterior se deduce que lo concerniente a la imposición de la pena de *satisfacción del daño causado,* se ventilaba en la jurisdicción ordinaria; y el enjuiciamiento de las infracciones que tenían señalada penas de *degüella* o *calonia*, correspondía a las autoridades municipales o corregidores de los Ayuntamientos, mediante un procedimiento que hoy calificaríamos de administrativo sancionatorio.

No obstante, resulta curioso descubrir a través de la tradición oral, confirmada recientemente por el vacilante testimonio de algún nonagenario, que en realidad no eran el Alcalde y miembros del Concejo quienes en todos los casos examinaban los términos de la denuncia y juzgaban si concurría o no quebrantamiento de las normas de la alera foral o de cualquier otra comunidad de pastos establecida por convenio escrito o existente desde tiempo inmemorial.

Según esta tradición, anualmente se constituía una especie de *Tribunal de Pastos* que, al igual que el Tribunal de Aguas de Valencia, compuesto por regantes de su huerta, estaba formado por labradores y ganaderos de los pueblos afectados por la alera foral.

En ocasiones, este Tribunal se trasladaba al mismo campo y al punto en que confluían los términos de los pueblos a los que representaban; y debían juzgar dentro del mismo periodo de tiempo en que podía hacerse uso el derecho de alera foral, es decir, de sol a sol. Es cierto que no existe regulación escrita de este órgano decisorio, por lo que no sabemos cómo se designaban sus miembros, ni la composición concreta del mismo, ni cuál era el funcionamiento procesal, ni la forma de adoptar las decisiones.

Pues bien, probablemente, algunas de las consideraciones expuestas carezcan del rigor jurídico suficiente para ser tenidas en cuenta por los actuales foralistas; y con mayor razón cuando las explotaciones ganaderas se someten hoy en gran medida a técnicas más avanzadas, distintas del simple pastoreo, como son por ejemplo el mantenimiento del ganado en estabulación, alimentado con piensos industriales, el cercado electrificado (pastor eléctrico) etc., lo que resta vigencia a la alera foral y demás comunidades de pastos, esencialmente deambulatorias que podrían así quedar relegadas a meros antecedentes históricos.

Pero es también cierto que el movimiento ecológico, examinado en sus fundamentos, desprovisto de condicionantes políticos, está ganando terreno en un avance rápido y generalizado.

Este nuevo movimiento de regreso a lo natural viene a sumarse al quehacer admirable de todos esos ganaderos que han permanecido fieles a las costumbres, llevando sus ganados al campo, al aire libre y practicando la trashumancia.

Aún quedan pastores que salen al monte y pasan el día con el rebaño, siquiera llevan consigo no solo la garrota y el morral sino también el transistor y la pequeña nevera.

Por todo ello, la tendencia correcta, me atrevo a sugerir, sería una adaptación de la alera foral y comunidades de pastos a las características y exigencias de la vida actual; labor legislativa que precisará de la consulta previa a los interesados, principalmente a los agricultores, ganaderos y veterinarios. En este sentido, me parece sugerente la carta al Director, publicada recientemente en "Heraldo de Aragón" y en la que Luis Angurel Cristóbal, veterinario de pro y expresidente de la Asociación de ex alumnos de las Escuelas Pías, elogia la figura del pastor como guardián del monte y aboga por la creación de polígonos ganaderos en los pueblos aragoneses. Puede ser una fórmula para el estudio más completo en orden a actualizar la alera foral.

Zaragoza, junio de dos mil ocho

7. El Buen Ladrón

Es ladrón el que hurta o roba, nos dice el Diccionario. Pero el pueblo llama en general ladrón a todo amigo de lo ajeno, al que bajo cualquiera de las innumerables formas que la avaricia, la molicie o la picaresca han puesto a su alcance, priva a los demás de sus bienes o, como puede decirse en aragonés castizo, se los lleva *de balde*.

Para el común de los mortales, es también ladrón el que usurpa, el que estafa, el que defrauda el fluido eléctrico o cosa análoga, el que esconde bienes para burlar a sus acreedores, quien maniobra con los precios para encarecer los productos en su propio beneficio y en perjuicio de los consumidores, los que mienten o fingen para cobrar subvenciones etc.

Históricamente, han obtenido carta de naturaleza latrocinia, entre otros: los *bandoleros* o *salteadores de caminos* (varios a caballo y con armas); los *"afanadores" de abejas* (cambian a éstas de domicilio); los *cuatreros* (trasladan a los cuadrúpedos del corral del dueño al suyo propio, sin licencia municipal ni guía veterinaria); los *usureros* (enemigos del Sr. Azcarate, al que obligaron a promulgar una ley para "meterlos en cintura"); los *trileros*, también conocidos por "los de la mota" (¡bolita, bolita!); los *esculabolsas* (cuchilla en la uña y rajita en el cuero); los *descuideros* (el que antes pone la mano, antes se lo lleva); los *buscones* (pequeños rateros multiformes y un poquito rijosos); los *timadores* (el niño tiene estampitas); los *tareros* o *tararos* (en la venta, prestidigitan para aumentar el peso de la mercancía o disminuir la tara); los *sisones* (tres y dos son cinco y me llevo una); los *aguachirles* (mientras la leche siga blanca y el vino negro, agua va), los *malandrines* o *malandrinos* (salteadores de caminos), entre otros.

De esta operativa que podríamos denominar clásica, de acción directa y hasta cierto punto elemental común a todos los mencionados, hemos pasado a una nueva delincuencia patrimonial, en la que predomina el ladrón al que los ingleses han denominado de cuello o guante blanco, que no actúa de forma inmediata sobre la víctima. Esta delincuencia, más bien de realización indirecta y circunstancial, se sustenta en la psicología y sociología, creando nuevas necesidades que propaga por medio de la publicidad, con el fin de sugestionar y adoctrinar a las gentes, embotando su entendimiento. Generalmente, parte de la sublimación de las debilidades humanas, que fomenta y pretende justificar.

Descendiendo a la casuística, citaremos algunas de estas conductas más modernas de latrocinio, como por ejemplo el *tráfico de influencias* (contrata con, coloca lo), que priva a los que realmente lo merecen de un puesto de trabajo o de una obra o servicio concretos; el *cohecho dentro del ámbito urbanístico*, que desarticula la política de la vivienda, la encarece y genera más impuestos; y las *estafas multitudinarias*, de matemática financiera, que quiebran los ahorros y la paz de los pequeños inversores.

Para luchar eficazmente contra todas estas formas de latrocinio, no es suficiente la represión y el castigo. Por otra parte, la rehabilitación sigue siendo una entelequia y aún están por desarrollar y ver los resultados de la nueva corriente de la mediación penal. Entonces, sólo nos queda LA CULTURA, como única forma de dotar al individuo de los conocimientos suficientes para discernir y por ende, aceptar o rechazar lo que le conviene o perjudica.

Pues bien, entre todos estos ladrones, antiguos y modernos a los que hemos hecho referencia, no encuentro ninguno que merezca el perdón absoluto, si bien es cierto que se han dado una situación y unos tipos de ladrón concretos a los que habría que eximir de responsabilidad o al menos atenuarla cualificadamente. Son los siguientes:

a) El hurto por necesidad o hurto famélico, que es prácticamente imposible en estos tiempos en que numerosas instituciones públicas y privadas cubren las necesidades primarias de cualquier persona, proveyéndole de vestido, comida y alojamiento.

b) El robo a los ricos para dar lo robado a los pobres, conducta más legendaria que real y que, según se cuenta, ocurrió en tiempos lejanos en algunas zonas montañosas españolas.

c) Los *robaculeros*, por denominación inadecuada, si se tiene en cuenta que con tan estrambótico mote Félix Oroz bautizó uno de los cabezudos de LA COMPARSA DE GIGANTES Y CABEZUDOS DE ZARAGOZA, de cuyo taller salió en el año 1860, pretendiendo que esta caricatura representara la zafiedad y las miserias de Sancho Panza.

No he logrado encontrar un breve estudio sobre los gigantes y cabezudos de esta inmortal cuidad que escribió en algún momento nuestro compañero ya fallecido D. José Mª Zaldivar, él "Vigía de la Torre Nueva". Pero supongo que algo diría sobre el nacimiento y significado de este cabezudo todavía corriente en nuestras calles.

A pesar de todo, tengo la sensación de que el robaculeros nació en la mente satírica de Félix Oroz como un roboncillo rampante, que se encaramaba a las tapias de los huertos y recogía las migajas desprendidas de los patios de las escuelas. En definitiva, un "afanador" mínimo, sin entidad suficiente para figurar en el catálogo ilustrado de los ladrones históricamente reconocidos.

En la Serie "Los Tradicionales Cabezudos de Zaragoza" se dice que nadie sabe muy bien qué representa este personaje, que perdió su identidad a favor del nombre más actual de "El Piruli" o " D. Juan Pirulí".

Al margen de estos tres supuestos que podemos considerar ya periclitados, un único ladrón puede calificarse como bueno y digno de todo perdón. Me estoy refiriendo a DIMAS, el prodigioso ladrón que tuvo la gran suerte de encontrarse en la cima del Monte Sacro, al borde del sacrificio, con el Redentor para unos o Gran Profeta para otros: Jesús el Crucificado, contra quien todos se habían conjurado.

Dimas, a pesar del afrentoso estado en que se encontraban, colgados ambos de un madero, ofreció a Jesús su afecto y confianza, como el gran amigo que no pierde la fe en el amigo cuando surge la desgracia, la ruina y el desprecio colectivo.

Dimas fue, pues, el amigo constante que entregó su amistad al redentor o al profeta, más allá del tiempo.

Si seguimos rigurosamente el relato histórico, puede observarse que los demás personajes contemporáneos de Jesús de Nazaret fueron solo amigos del tiempo, pues todos de una u otra forma le dejaron el día de la tribulación. Sus seguidores más fieles hasta entonces desaparecieron despavoridos apenas fue prendido. Y el más valiente de ellos, Pedro, le negó por tres veces cuando se le sorprendió escondido.

Sólo Dimas, este ladrón feliz, perseveró en la amistad aun cuando nada se le había ofrecido antes ni nada podía ya conseguir en este mundo.

Prodigioso ejemplo de fe y humildad el de Dimas, uno de los primeros ladrones de la historia, pero el único ladrón bueno que hemos encontrado.

Después de emplear toda su vida en latrocinios, correspondió en los últimos instantes a la amistad desinteresada y fervorosamente, con heroicos actos de humildad, esperando que lo transformaran en el buen ladrón.

Sin duda, se abrieron los cielos y se rasgó el velo del templo de Jerusalén también por Dimas.

Zaragoza, julio de dos mil ocho

8. EL PRIMER SITIO

Habían sido sometidos definitivamente los *bagaudas,* aquellos aguerridos campesinos rebeldes contrarios a cualquier clase de invasión que, a finales del s. IV y primera mitad del s. V de nuestra Era, hicieron frente primero a las milicias romanas y después a los visigodos, a través de violentas campañas devastadoras de campos, viviendas y cosechas en el ámbito de la antigua provincia tarraconense.

Hacia mitad del s. VI, sucedió lo que algunos estudiosos —entre ellos el que fuera catedrático de Historia del Derecho en la Facultad de Zaragoza, D. José Orlandis— denominan el primer sitio de Zaragoza.

Conforme a esta opinión histórica, el primer sitio que sufre nuestra ciudad no es el que establecieron los franceses en el año 1808, sino el que tuvo lugar en el año 542 y del que nos da noticia, aunque escueta, la Crónica Cesaraugustana.

En ese año, los reyes francos en número de cinco entraron en Hispania por Pamplona, vinieron a Zaragoza y la sitiaron durante cuarenta y nueve días. La ciudad, como ocurrió después en el s. XIX, cerró sus puertas al ejército franco capitaneado por Childeberto, Clotardo y tres hijos de éste último, entrando sus moradores en un ayuno forzoso, antesala de la peste y de todo tipo de debilidades.

Cuando estaban llegando a la extenuación, sin agua, sin víveres y sin pócimas, promovieron un hecho sorprendente. Los zaragozanos —relata Gregorio de Tours— organizaron una procesión penitencial formada por hombres con cilicios, entonando cánticos y cubiertos con túnicas, que desfilaban sin cesar sobre los muros. Les seguían una multitud de mujeres con mantos negros y la cabellera suelta cubierta de ceniza, impetrando a gritos la misericordia divina.

Ante tal espectáculo, los sitiadores, presos de terror, creyendo que los sitiados les lanzaban un maleficio, levantaron el cerco y huyeron.

Zaragoza pues, en esta ocasión se salvó, resultando privilegiada en comparación con el resto de los territorios circundantes de los que se apoderaron los francos, hasta que el ejército visigodo, reorganizado, les obligó a regresar a sus tierras de origen.

Algunos historiadores francos, por el contrario, cuentan que los reyes exigieron la presencia del obispo de la ciudad, a la sazón Juan, ofreciéndole levantar el cerco a cambio de una reliquia de San Vicente, a lo que accedió el prelado entregándoles la historia del santo mártir, que Childeberto llevó a París, erigiendo en su honor una basílica actualmente llamada de Saint Germain.

En el siglo siguiente (VII), tras un periodo de esplendor y bajo el pontificado del obispo Braulio, otra vez se presentó el ejército franco ante las murallas de Zaragoza para apoyar la rebelión del magnate Sisenando contra el rey Suintila, pero enseguida el ejército visigodo, haciendo causa común con el rebelde, le aclamó rey y expulsó a los francos.

Aún hubo en tiempos de Recesvinto una tercera incursión, esta vez de los vascones, quienes capitaneados por el terrible Froia, descendieron del Pirineo a la tierra llana, llegando a Zaragoza y obligando a sus moradores a refugiarse dentro de sus muros hasta que fueron liberados, sin que este asedio alcanzara tampoco la entidad y duración suficientes para considerarlo un sitio.

Después de estos sucesos en cierto modo gloriosos y por supuesto triunfantes de los siglos VI y VII, Zaragoza quedó integrada, dentro de la diversidad geográfica, en el movimiento de la unidad de Hispania propugnada por los visigodos e impulsada especialmente por Leovigildo. A lo largo de este periodo, se fueron aglutinando los elementos dispares de la Península hasta conseguirse una conciencia unitaria.

Interesa destacar ahora y en orden al proyecto unitario de la España visigoda que Leovigildo promueve la igualdad social y jurídica, tratando de reunir a todos los súbditos en un solo pueblo. A tal fin, deroga la vieja legislación prohibitiva de matrimonios mixtos godo-romanos, lo que significó el rechazo a una norma de segregación racial; y además publica un nuevo código revisado en el que se plasman los anhelos de acabar con las discriminaciones en todos los órdenes.

También en los dos sitios del s. XIX no menos gloriosos que el de los francos, Zaragoza experimenta una afirmación de unidad con las demás ciudades, villas y lugares de España que habían sido atacados e invadidos por los franceses. El enemigo, las luchas y el sufrimiento fueron comunes a lo largo de los siglos. Y parece lógico concluir que esa comunidad de deseos, intereses y vida ha de permanecer en el futuro.

El culto lector podrá extraer conclusiones y extrapolar

los sucesos históricos al momento actual, teniendo en cuenta no solo la resistencia frente a la colonización romana y a las invasiones bárbaras —de lo que son notable exponente los bagaudas y sus drásticas incursiones— sino también la recuperación de España a lo largo de la Reconquista, la fiera oposición al pretendido dominio por los Imperios de la Edad Contemporánea, y la obligada defensa ante cualquier movimiento disgregador desde principios del s. XX.

Por lo que respecta a nuestra ciudad, parece que el apelativo de inmortal está plenamente justificado. Zaragoza ha resurgido siempre de todas las adversidades: desde la persecución de los emperadores romanos que dieron lugar a los innumerables mártires, pasando por el sitio y los asedios de francos y vasconas, hasta los sitios de los franceses en los años 1808-1809.

Jaca, septiembre de dos mil ocho

Bien está, Carlos Francia, lo bien hecho.
Placer de dioses, cuando, como Vos,
el Bien se hace en Leyes y en Derechos,
con esa sencillez de cada día
donde pone, la lírica de Dios.
cotidiana y perfecta Poesía.

(de un poeta a otro poeta)

Diciembre 81

JOSE MANUEL LOZANO GRACIAN

PERDONADME
POR HABEROS OLVIDADO
(POLEN DE NADIE)

- 40 -

Bien está, Carlos de Francia, lo bien
hecho.
Placer de dioses cuando, como Vos,
El Bien se hace en Leyes y en Derecho,
Con esa sencillez de cada día
Donde pone, la lírica de Dios,
Cotidiana y perfecta poesía.

(de un poeta a otro poeta)

9. En memoria de los abogados y literatos Eduardo Valdivia y José Manuel Lozano

En alguno de mis encuentros con nuestro ilustre compañero José Mª Valdivia, ya fallecido, cuando a primeras horas de la tarde coincidíamos camino de nuestros respectivos despachos, le prometí o quizás le comenté simplemente que un día trataría de publicar la reseña de la obra de su hermano Eduardo, abogado ejerciente durante una década, cuyo quehacer primordial, no obstante, fue la docencia como catedrático de Enseñanza Media y su pasión por la literatura.

Licenciado en Filosofía y Letras y Derecho, una vez ganó la correspondiente oposición, fue destinado al Instituto de Teruel como profesor de geografía e historia, impartiendo después y sucesivamente esa materia, entre otros en los Institutos de Santa Cruz de Tenerife y Soria, hasta su muerte ocurrida en el año 1972.

Durante su etapa universitaria en Zaragoza, formó parte de la tertulia del CAFÉ NIKE, sede de la Oficina Poética que había fundado e impulsaba Miguel Labordeta, sucesora de la que fundara Santiago Lagunas años antes en los Nuevos Espumosos.

Cofundador de la editorial Javalambre, Eduardo Valdivia colaboró en varias revistas literarias, y en 1966 fue nombrado académico correspondiente de la Real Academia de San Fernando, recibiendo en el año siguiente la Encomienda de la Orden de Alfonso X El Sabio.

A la vez dedicó sus esfuerzos, entre los años 1950 y 1960, aproximadamente, a la gestoría administrativa y al asesoramiento y defensa jurídicos como Letrado inscrito en nuestro Colegio.

En este punto quiero expresar mi agradecimiento a su sobrino y compañero Juan Pedro Valdivia Ramiro por la localización de referencias y artículos que me han servido de estimable orientación.

Conocí a Eduardo Valdivia, el mayor de los hermanos de CASA PARDO, de Robres (Huesca), a través de su esposa, la bilbilitana Inmaculada Pablo, aunque no establecí con él relación profesional ni amistosa. Pero después de su fallecimiento, ocurrido a la temprana edad de 43 años, tuve oportunidad de entrar en conocimiento de sus obras literarias y quedé impresionado por sus excepcionales dotes de narrador.

Con José Manuel Lozano Gracián, oriundo de Sabiñan (Zaragoza), mantuve una larga amistad de la que guardo grato recuerdo. Tengo dedicados todos los libros de poemas que publicó y que me hizo llegar puntualmente.

Los lazos de esa amistad se extendían a sus hermanos, José Luis y José Alfonso, abogado y procurador de los Tribunales, con quienes colaboré durante muchos años. En la actualidad, ejerce la abogacía como miembro del Colegio de Zaragoza su hijo José Manuel Lozano Martín, a quien expreso mi reconocimiento por los datos biográficos y de todo tipo que me ha proporcionado.

José Manuel Lozano compartía sus dos grandes

quehaceres, la abogacía y la poesía con envidiable armonía, ejercitando ambas brillantemente hasta su fallecimiento en el año 1992.

José Manuel empieza a escribir poesía en el año 1979, cuando publica *"Perdonadme por haberos olvidado"*. En años sucesivos van apareciendo *"Varado en ti cigarra"* (1982), *"El esfuerzo final de la palabra"* (1985), etc; con las que consigue el primer premio del V Concurso Nacional Poético Montler, el premio Biblioteca Atlántica de Poesía, el II Premio de Poesía Ciudad de Calatayud, un Accésit del Premio Isabel de Portugal de Poesía, etc.

Tanto en la obra de Eduardo como de José Manuel quedó plasmada la huella de su formación jurídica, y particularmente la de aquellas instituciones en las que el Derecho afecta más directamente al individuo.

Ambos se sintieron atraídos por la voz de la Tierra, entendida esta como valor esencial conseguido con el esfuerzo del hombre y que el hombre defiende en todos los ámbitos con la emoción de haberla heredado de sus padres, o ganado con su esfuerzo, y la ilusión de mantenerla para sus hijos.

Los personajes de sus creaciones literarias se inspiran en ese mundo elemental de sentimientos de justicia y propiedad, que albergaba el campesino, de ser dueño sin límites no sólo del terreno de sus fincas, sino también de todo lo que había por encima del suelo, hasta el cielo, y por debajo del suelo, hasta el infierno.

No en vano estaban influenciados por el paisaje, las costumbres y las tradiciones, el primero de ellos de la estepa monegrina y el segundo de los feraces huertos por los que serpentea el río Jalón.

El relato corto fue la especialidad de Eduardo Valdivia. Entre sus títulos merecen destacarse *"El espantapájaros y otros cuentos"*, primera de sus publicaciones, *"Cuentos de Navidad"*, *"Noche de Velatorio"*, *"Los peces de Colores y el pisador de sombras"*, pero sobre todo *"Las cuatro estaciones"*, que forman un conjunto de narraciones cuyo principal personaje es el campo, transcendiendo a los demás personajes el alma de los secanos aragoneses.

En estos relatos se defiende la vida frente a la coacción para el aborto, el amor por los animales que son compañía y parte esencial en la vida del agricultor, la vida de quien muere con honor, frente a la muerte de quien vive sin soñar, y la esperanza de la primavera a pesar de las desgracias presentes.

En su faceta de narrador es más conocido, no obstante, por su novela *"Arre Moisés"*, una visión tierna y humorística de nuestra Guerra Civil de 1936-1939, obra finalista del Premio Alfaguara de Novela del año 1972 y en la que los críticos encuentran desarrollado el estilo de realismo mágico o fantástico.

Efectivamente, el protagonista de la citada novela, Mosén Alberto, cura de aldea —debilitado sin duda por el hambre y la miseria de la guerra— una veces ve prodigios, que son auténticas alucinaciones, como por ejemplo florecer un zarzal o volar un cuervo verde, y otras veces profiere cantos a la naturaleza o muestra el sentimiento del paisaje cuando exclama: *"Despuntó el alba, el horizonte fue tiñéndose de rosa, cantó la primera alondra, despertaron miles de pájaros alborotados, chirriaron cigarras, y el disco de la mañana apareció en el horizonte pintando los campos de amarillo".*

En su obra *"Las cuatro estaciones"* escribe: *"En el centro de Aragón hay una estepa, seca y asolada en el verano, de invierno frío y triste, donde apenas ríe la primavera y escasamente humedece el aire las nubes. Son estériles labrantíos para hombres duros como la vida misma, que miran al cielo y esperan casi siempre en vano; hombres resignados con la suerte porque ignoran la causa de su desdicha y han perdido hasta el recuerdo de otras épocas de mayor ventura. Pero son los hijos de los hijos de otros hombres, que tal vez, si pudiesen hablar, contarían el origen de tanta miseria".*

En cuanto a José Manuel Lozano, sus poemas muestran la influencia en él de la naturaleza y sus fenómenos. Canta a la lluvia, a la semilla en tierra, al aire, a las estaciones, etc.

Y además, se atisba en sus palabras el presentimiento y significado de la muerte.

Al igual que el epigramista Marcial, de suyo próximo y comarcano, bajo los mismos destellos de Bilbilis, siente asombro de la infinita belleza del Moncayo y escribe: *"Surge Moncayo, intacto, de las sombras, coronadas tus sienes por el día, el sol es, en el párpado del alba, una pupila inmensa que te mira".*

En otra ocasión sueña con el río y en uno de sus más logrados poemas exclama: *"Yo sueño un río azul —río entre ríos— para hacerlo palabra de mis palabras; y me sueño en azul y me hago río, y sueño con hacerme verso azul en los versos azules de sus aguas".*

Refiriéndose a la presentida muerte escribe: *"Ven muerte a conseguirme, no me temas, yo te espero a pie firme, sujetando la pluma que suspira, que rebosa sangre de poemas…"*

Y dedica a la playa de Zarauz, donde veraneaba, el siguiente poema: *"Ha granado mi avena, al caminar, y es tuyo el tiempo virgen que perdí, playa serena. Cuando me haya cansado de llorar los versos de mi pena, vendré de nuevo a ti, balcón del mar, para escuchar tu recital de arena".*

Pero lo más gratificante para mi respecto a José Manuel Lozano fue la dedicatoria de su libro *"Perdonadme por haberos olvidado"* que reproduzco mediante fotocopia del original.

FELICIDAD DE NAPOLEON Á ESPAÑA.

Præferre Patriam semetipsis.

Estos dos que aqui ves delineados
Los Matritenses son purificados,
Que por su lealtad la dura suerte
Los puso a los umbrales de la muerte.

Yo soy quien otro tiempo fué empleado
Antes que el enemigo introdujera
Las impias falanjes, que han hollado
De mi florida edad la primavera:
Espectro me quedé por ser honrado,
Siempre miré al francés con saña fiera;
Que no fui partidario lo asegura
El testigo mejor, que es mi figura.

Yo fui qual ves, amigo, un artesano
Que tal qual otro tiempo lo pasaba;
Pero desde el momento que el tirano
Descubrió la perfidia que ocultaba:
Constante por la patria en un pantano
De miseria me vi, pues mendigaba
De puerta en puerta mientras las infieles
Rodeaban del intruso los doseles.

10. Desde los molinos de pólvora hasta el proceso de purificación

En el 2º Centenario de los Sitios de Zaragoza de 1808-1809, he intentado descubrir algún aspecto inédito que no haya sido expuesto en los numerosos Comentarios y Estudios aparecidos hasta ahora sobre aquella epopeya.

Creo haberlo conseguido al repasar los documentos de la primera mitad del siglo XIX, relativos a la carrera militar de uno de mis antepasados por la línea paterna, cuya primera intervención en la conocida como Guerra de la Independencia Española, fue la defensa de los molinos de pólvora de Villafeliche, a orillas del Río Jiloca, entre Calatayud y Daroca hacia Levante.

En esta localidad, famosa también por su cerámica, el 17 de julio de 1808 nuestro personaje, Teniente del 1er Tercio de Calatayud, impidió con sus hombres la destrucción de los molinos que abastecían de pólvora al ejército y a los Voluntarios de Aragón, mereciendo por ello público elogio de su General el Barón de Warsage, a quien a su vez había encargado expresamente Palafox la defensa de los puntos neurálgicos de la comarca.

Poco tiempo después, siendo ya Capitán del Batallón Ligero de Calatayud, participó en el levantamiento del 1er Sitio de Zaragoza y persiguió a los franceses hasta Tudela el 14 de agosto de 1808, colaborando especialmente en la reunión de las avanzadas después de la derrota y subsiguiente retirada de nuestro ejército. En aquella ocasión, el General Marqués de Lazán le atribuyó la libertad de 622 hombres, recomendándole por este Servicio al General Jefe de Aragón.

Pero es en el 2º Sitio, en 1809, cuando el empuje del ejército francés se hace más fuerte y requiere una resistencia más encarnizada.

Durante el asedio, este capitán y sus soldados del Batallón Ligero participan incasablemente en la defensa alternativa de los distintos puntos estratégicos de la ciudad: reducto del Pilar, trinchera del Huerva, línea de la Torre del Pino y línea del Convento del Carmen, distinguiéndose particularmente en la mañana de 28 de enero, al entrar a desalojar a los enemigos que se habían apoderado del claustro bajo de dicho Convento[1].

El 21 de febrero del mismo año, al día siguiente de la capitulación de Zaragoza mi antepasado, con otros muchos militares que también se negaron a jurar fidelidad a José I, quedaron prisioneros y fueron trasladados a Francia, en un principio a la ciudad de Vincennes, donde permanecieron en los oscuros sótanos de los castillos franceses, auténticos

---

[1] En el Suplemento contenido en el Tomo III de la obra de Agustín Alcaine Ibieca, titulada "Historia de los Sitios que pusieron a Zaragoza", figura (pág. 119) Don Higinio de Francia entre los defensores que hicieron servicios distinguidos durante los Sitios.

depósitos humanos, más de cinco años.

Probablemente, en la misma expedición de este Capitán iban también Palafox y Agustina de Aragón, aunque esta última, tan valerosa como avispada, logró escapar en Puente La Reina, antes de cruzar los Pirineos, según consta documentalmente.

En cambio, los militares que aceptaron el orden político impuesto por el Imperio francés, quedaron libres apenas cruzaron el quicio de la puerta de El Portillo, lugar concreto señalado en la capitulación para la evacuación de los supervivientes. A éstos se les llamó entonces y durante mucho tiempo afrancesados y josefinos.

Concluidas las hostilidades en Aragón, los prisioneros de Zaragoza regresan a España el 21 de mayo de 1814, enfermos y desvalidos[2]. Y a pesar del cautiverio que habían sufrido, se vieron sometidos a un *proceso de purificación* en el que debieron justificar ante el Consejo establecido al efecto en Madrid, la conducta observada en el país vecino hasta acreditar que, por encima de todos los avatares y miserias, habían permanecido fieles al Reino de España.

El proceso experimentó posteriormente una notable transformación funcional. De un solo órgano jurisdiccional, el Consejo de Purificación implantado —como se ha dicho— en Madrid, se pasó a una diversificación orgánica y

---

[2] En el Museo Municipal de Madrid hay un curioso grabado que representa al purificado. Bajo el lema "Felicidad de Napoleón a España" aparecen dos figuras humanas paupérrimas y al pié de las mismas el siguiente cuarteto:

Estos dos que aquí veis delineados
los matritenses (zaragozanos) son purificados
que por su lealtad la dura suerte
les puso a los umbrales de la muerte.

competencial.

En el año 1823, un año antes de que fueran disueltos todos los depósitos de prisioneros españoles existentes en Francia, los órganos de purificación eran los siguientes:

a) Un Consejo Supremo de Guerra, a través de una Comisión de cinco Ministros (tres militares, un político y un togado), para los procesos en los que estuvieran implicados Generales y Coroneles.

b) Las Juntas Militares que se formaron en las distintas provincias, compuestas por el Capitán General y cinco Vocales, cuando se trataba de purificar la conducta de los demás oficiales.

Se estableció un segundo juicio ante la misma Junta Provincial, mal llamado de apelación y en el que cabía impugnar la resolución de impurificación dentro de los diez días siguientes a la fecha en que fue notificada.

Y finalmente, aún existía un último recurso, que en realidad se circunscribía a la petición de clemencia para que S.M. El Rey otorgará la ansiada purificación.

Algunas normas en cierto modo vacilantes fueron promulgadas matizando la penosa situación de los prisioneros. En efecto:

Se había comprobado que los prisioneros españoles que juraban obediencia al Gobierno Francés pasaban a los depósitos para jurados, especialmente a los de Chalons sur Marne, lo que dio lugar a comprobar durante los procesos de purificación, cómo unos se acogían a la justificación de que sólo juraron aquella obediencia con intención de fugarse, y otros a la de que su estancia en aquel depósito lo fue contra su voluntad y se debió a la solicitud de sus familiares en España.

A este respecto cabe señalar que el Consejo Supremo de la Guerra evacuó consulta en el sentido de que el hecho de haber estado un oficial del ejército regular en el expresado depósito, no era motivo suficiente por sí solo para declarar la impurificación e imponer las penas señaladas al efecto, penas que consistían especialmente en la pérdida y entrega de los títulos, cédulas y diplomas obtenidos durante la carrera militar.

No puede olvidarse que todo lo relatado ocurría después de que Fernando, hijo de Carlos IV y Príncipe de Asturias, se dirigiera a Napoleón exaltando su adhesión, admiración y respeto. Después de que Fernando VII saliera de España hacia Bayona para entrevistarse con Napoleón, con el fin de recibir su apoyo. Después de que el Consejo de Castilla (supremo órgano de la Corona y Estado) pidiera a Napoleón que designara rey de España a su hermano José, etc.

Pues bien, en el repaso que periódicamente conviene hacer de la historia para comprender mejor lo que en la actualidad sucede, no queda más remedio que aborrecer la grandilocuencia vana y torticera de aquella época convulsa y degradante de la España decimonónica.

Pero, a la vez, compadecer y exaltar a todos aquellos súbditos que, ni afrancesados ni josefinos, prefirieron los valores de su tierra al beneficio personal, estampando su orgullo de defensores de España y de Aragón contra la felonía de sus reyes y mandatarios, aún con el riesgo grave —como indica el grabado del Museo Municipal de Madrid— de quedar indefensos, pobres, desamparados y míseros ante los umbrales de la muerte.

Calatayud, en abril de 2009

11. SERVIDUMBRE DE SIRGA

Hubo un tiempo en que el avance longitudinal en los cauces de los ríos o la hendidura transversal de sus aguas, se efectuó con el auxilio de la sirga tensada por el tiro de las caballerías o por las manos expertas del barquero.

Cuando el legislador regula las servidumbres en materia de aguas, advierte la necesidad de espacios libres a los dos lados de los cauces, no sólo en interés del salvamento, sino también de la flotación y la navegación.

El artículo 553 del vigente Código Civil establece que "... los predios contiguos a las riberas de los ríos navegables y flotables, están sujetos a la servidumbre de camino de sirga para el servicio exclusivo de la navegación y flotación fluvial".

Es de advertir que esta servidumbre ya estuvo señalada en las Partidas (3ª), donde se reconocía entre otras cosas que "todo hombre puede usar de las riberas ligando a sus árboles sus naves....".

Coordinadas con el Código Civil, las sucesivas Leyes de Aguas, desde la de 3 de agosto de 1886 hasta la actual de 2 de agosto de 1985, se refieren también a esta reserva peculiar de espacio, englobándola dentro de las servidumbres de paso.

El camino de sirga consistía y aún podría consistir en una franja de terreno, público o privado según los tramos, longitudinal al cauce fluvial y en ambos lados del río. Estas franjas debían mantenerse libres de obstáculos para que a través de las mismas pudieran avanzar las bestias de tiro y caminar los barqueros.

Las aguas del Ebro fueron surcadas y, en defecto de puentes, atravesadas en distintos puntos de su recorrido, por barcas de sirga.

No cabe olvidar, por ejemplo, la barca del tortosino Antonio Mar, al que todos conocían por el Tío Toni, que comunicaba ambas orillas del Ebro, en Zaragoza, trasladando viajeros desde el paseo de la margen derecha hasta la arboleda de Macanaz, antes de que se construyera la pasarela.

Merecen especial mención las embarcaciones conocidas con el nombre de laúd (llau), que bajaban y subían por el Ebro desde Mequinenza a Tortosa. De calado pequeño y medio, aprovechaban la fuerza de la corriente para descender, ayudándose a veces por el remo, pero el remonte se realizaba comúnmente a sirga.

Eran embarcaciones de bordas paralelas, con escaso arco de curvatura y quillas levantadas a proa y a popa, con timón emplazado en la popa. En su interior, tenían un banco central para encajar el mástil del que arrancaba la sirga y dos pequeñas cubiertas, a popa y a proa.

La sirga pivotaba sobre el mástil y era manejada desde la barca por el patrón, quien desde la popa acortaba o alargaba el recorrido de la misma en función de los accidentes del río o del camino.

En un principio, la sirga fue tirada por los sirgadores o bateleros, protegidos de hombreras de madera para paliar el roce. Con el tiempo, los bateleros fueron sustituidos por mulas que bajaban el río dentro de la propia embarcación, sobre los montones de lignito, para regresar después río arriba tirando de la sirga.

La construcción de presas, por lo que concierne a Aragón, especialmente las de Ribarroja y Mequinenza, pusieron fin al transporte mediante embarcaciones de sirga en aquella cuenca.

Lo mismo ocurrió con los transportes transversales de personas al construirse puentes que sustituyeron a las barcas de sirga.

En definitiva, los avances técnicos convirtieron la servidumbre de sirga, presente aún en los enunciados del Código Civil, en una institución jurídica en desuso, con cuya desaparición real se perdió también parte de la cultura fluvial de nuestros ríos.

Esa cultura fue la que pretendió plasmar para la posteridad el escritor aragonés Jesús Moncada (Mequinenza 1941), cuya novela *Cami de Sirga*, escrita en catalán en el año 1988, fue trasladada posteriormente al español por la Editorial Anagrama con el título *Camino de Sirga*.

La desaparición de la vieja Mequinenza, sumergida por las aguas del pantano, excitan la imaginación de Moncada, quien en su obra literaria presta especial atención al tráfico fluvial que, mediante embarcaciones de sirga, se originaba en aquella importante cuenca minera. Así, nos dice:

> "Cuando no soplaba el bochorno y los laudes no podían por tanto subir a vela, los tripulantes eran los responsables de la durísima labor de sirga por la orilla, remolcando en la barca aguas arriba.
>
> "Ahora —*continúa*— se quería sustituir a los hombres por

bestias, sistema adoptado tiempo atrás en las tierras llanas del delta del Ebro.

"Cuando el sistema de sirga con animales de tiro fue adoptado, cada una de las minas de la cuenca instaló sus propios establos en los callejones de los muelles".

Muchas embarcaciones y muchas bestias de tiro se perdieron durante los años de la Guerra Civil. Ya en 1937, el ejército requisó una buena parte de los laudes para construir puentes de barcas en Gelsa y en otras localidades ribereñas. Cuando acabó la contienda las bestias perdidas eran sustituidas por las que los tratantes iban a ofrecer a la villa.

También en el Canal Imperial de Aragón navegaban embarcaciones de sirga.

Cuenta D. Juan Moneva y Puyol en sus *Memorias* que, en las postrimerías del siglo XIX muchos zaragozanos, en la conocida como *mañanada de San Juan*, emprendían el paseo cuesta y sendero arriba del camino de Torrero hasta la playa del Canal, donde se distribuían churros y buñuelos, con el propósito de tomar la *sanjuanada*.

En una de las dos barcas grandes del canal había una murga que tocaba bailables aprovechados por los jóvenes de ambos sexos en la misma cubierta. Usando *una mula por motor y una sirga por enlace*, la música y los bailadores se trasladaban por las aguas del canal hasta Casablanca.

Y la gente volvía a la urbe por donde había ido de ella a Torrero, pues dichas barcas volvían también con su música y sus parejas, su mula y su sirga, hasta junto al puente llamado de América, más alto que el de ahora.

Además de esas barcas, había en el Canal Imperial otra embarcación conocida como la Góndola, con la misma forma que las que recorren los canales de Venecia, tirada asimismo por una mula y con el sistema de sirga, en la que embarcaban señoritas alegres y señores pudientes, desde el puente de América hasta la Quinta Julieta, finca de recreo con embarcadero propio, salto de agua y lagos, en la que había baile, restaurantes, etc.

La *sanjuanada* zaragozana —volviendo al relato de Moneva y Puyol— tiene en su historia un hecho importante:

Corría el año 1845 cuando en la presencia de la Reina Dña. Isabel, el Excmo. Sr. D. Francisco Martínez de la Rosa, Ministro de Estado y de Jornada, al intentar subir a la barca de sirga conocida por "Rosita la Pastelera", cayó al Canal Imperial por imprudencia suya. La intervención de los guardias redujo el incidente a una mojadura.

La Reina exclamó: ¡Cuál Martínez!, expresión fácil de interpretar como ¡Qué hombre este!, ¡Qué descuido!...

Pero el transmisor de esta anécdota oyó a su vez otra exclamación de un zaragozano asistente al acto quien, ante el incidente de la caída del Ministro, dijo: ¡Qué lástima!

Hubo quien pensó que el canal se vengaba de un político cuyo único interés era la inauguración de una obra a la que sin duda faltaban elementos propios, como en este caso una plataforma segura de embarque. No debe olvidarse que Martínez de la Rosa, en cuanto Comisario de una Junta durante la Guerra de la Independencia, pudo ser considerado afrancesado o josefino, y que esta circunstancia personal podría molestar sobremanera al autor de la frase.

En cualquier caso, la exclamación ¡Qué lástima! lo mismo valía para expresar pena por la mojadura del Sr. Martínez de la Rosa, como para lamentar que las aguas del canal no hubieran contribuido más decisivamente a que el Sr. Ministro pasara a mejor vida.

Queremos ser imparciales y significar que hasta el día de la fecha ninguno de los historiadores locales ha logrado desvelar, por hechos anteriores, coetáneos o posteriores de este zaragozano, el auténtico significado de aquella exclamación que, por nuestra parte, nos limitamos a señalar como un hecho objetivo.

Zaragoza, mayo de 2009

12. MIGUEL MONSERRAT Y EL VIEJO BOLETÍN DEL COLEGIO DE ABOGADOS

Hace unos años topé por casualidad con un ejemplar del libro titulado "Recuerdos que un periodista zaragozano cuenta a sus nietos", que Miguel Montserrat Gamiz, periodista y abogado o abogado y periodista, como él prefiera, publicó en 1966 en la serie *La Pluma Impenitente* de la Asociación de la Prensa de Aragón.

Cuando uno escribe un libro en el que plasma los recuerdos de su vida, familia, profesión, amigos, etc., es indudable que —por encima de los tópicos al uso— conserva el entusiasmo y mantiene la curiosidad vital.

Comuniqué personalmente mi hallazgo a su autor, para lo cual aproveché uno de esos dos días en que normalmente asistía al Vino de honor que se celebra en el Colegio de Zaragoza para conmemorar la Navidad y la festividad de San Ivo.

Como en anteriores ocasiones, Miguel no había subido en ascensor sino que lo había hecho por la escalera hasta la quinta planta del edificio. Y como de costumbre, se encontraba en compañía de los más veteranos de la Lista, algunos ya fallecidos, emplazados todos ellos convenientemente para escuchar a la Coral, intercambiar sus juicios y, en definitiva, hacer cumplido honor al Vino de honor.

Recuerdo con especial afecto a Fernando López Bazán, portador de la misma ilusión profesional que un principiante; a Manuel Asensio Pallás, foralista entusiasta, de hablar pausado y memoria prodigiosa; a Julio Cristellys Barrera, la discreción y sonrisa permanentes; a Lorenzo Calvo Lacambra, el saber y la paz excelentemente armonizados; a Ángel Gracia Oliveros, jurista brillante, de empuje y constancia envidiables.

En la sonriente mirada de Miguel Montserrat noté su particular agradecimiento hacia quien había encontrado y adquirido una de sus obras preferidas.

Miguel Montserrat, que formó parte de la Junta de Gobierno del Colegio de Zaragoza durante dieciocho años, fue el responsable del boletín desde su fundación por él mismo en colaboración con el Decano Rafael Pastor Botija, también abogado y periodista, en el año 1961, hasta su transformación en el año 1991, período de tiempo en el que se publicaron 124 números trimestrales.

En un principio, esta publicación fue propia y exclusiva del Colegio de Zaragoza, pero siendo Decano Ramón Sainz de Varanda, en el año 1978, extendió su ámbito a todos los Colegios de Aragón.

El viejo boletín tuvo dos rasgos característicos, denominador común de todos los números que vieron la luz:

En primer lugar, la exaltación de nuestro patrón San Ivo, cuyas devociones, efigies, retablos, vestigios y tradiciones fueron buscados pacientemente y después plasmados en el papel por Miguel Montserrat.

A este respecto, en su libro que he reseñado, bajo el epígrafe *Artículos relativos a San Ivo de Treguier* recordaba "que desde la dirección del boletín había tratado de vitalizar la memoria del Santo, patrón de los abogados de Zaragoza desde hace más de cuatrocientos años, siendo éste el único Colegio español que había mantenido esta peculiaridad, puesto que los demás Colegios de España la fueron perdiendo con el transcurso del tiempo".

Añadía que "en cambio, fuera de España San Ivo es unánimemente aclamado como patrón de las Corporaciones de abogados de Francia, Reino Unido, Estados Unidos de América, Bélgica, América Española, Italia y, en general, de todos los países del mundo".

Los abogados de Estados Unidos y Bélgica ofrendaron dos vidrieras con escenas de la vida del Santo para los ventanales de la Catedral de Treguier, al final de la II Guerra Mundial.

Actualmente y de ello soy testigo presencial, representaciones de Colegios de abogados de distintos países de Europa asisten, junto a los abogados franceses y alguna vez —como en el año 1992— junto a los abogados del Colegio de Zaragoza, al Pardon de San Ivo en Treguier, hermosa ciudad de la Bretaña francesa donde nació el Santo y donde se tiene la oportunidad de presenciar y vivir una de las ceremonias más bellas y fervientes, más participativas y unánimemente aceptadas que conozco; y ello bajo los sones constantes de un himno sencillo y hermoso, cantado en lengua bretona, que se posa en los oídos y en la mente de forma indeleble.

Otro de los rasgos característicos del boletín fue la reseña necrológica de todos y cada uno de los compañeros que fallecieron, con independencia de sus méritos, prestigio, experiencia o cargos desempeñados, resaltando siempre las virtudes humanas del finado dentro del más exquisito respeto y consideración.

También en el mismo libro de constante referencia, pero bajo un apartado que titula "Semblanzas de juristas desaparecidos", Miguel incluye los nombres de los fallecidos y el número del boletín en el que constan las notas necrológicas de cada uno de ellos.

Fueron los del viejo boletín tiempos en el que tuvimos la oportunidad de conocer el autorizado criterio de profesores universitarios, magistrados, notarios, registradores y por supuesto abogados acerca de temas jurídicos de actualidad.

Merecen especial mención los trabajos de Don Felipe Aragüés Pérez, realmente densos pero interesantes, que rebasando el ámbito del derecho positivo se adentraban en cuestiones filosóficas y sociales, fruto de la vasta cultura y gran dedicación de su autor, como muestra el artículo publicado en el número 122 de 1 de julio de 1991, de veintisiete páginas de extensión, sobre los yogas, su filosofía y su técnica.

Con independencia de las obligadas Secciones sobre la Vida colegial y los libros adquiridos para la biblioteca, se publicaba semestral o anualmente bajo la misma dirección y en idéntico formato tamaño cuartilla, realmente muy manejables, una selección de las sentencias de los Tribunales aragoneses bajo el título "Jurisprudencia Aragonesa".

Nuestro querido amigo y compañero Miguel Montserrat Gamiz, en aquel libro, dio como única explicación de su cese en la dirección del boletín de los Colegios de Aragón la siguiente: "la nueva orientación que se le quiso dar a finales de 1991 rebasaba las posibilidades de una sola persona, lo que me impidió continuar llevando la dirección".

En el último número (124 de 31 de diciembre de 1991), aparece un Editorial en la primera página, donde con la mayor concisión y sencillez expresa que se cierra una etapa, por cuanto la Junta de Gobierno del Colegio de Zaragoza (que es el editor de la publicación) ha decidido modificar su formato y estructura y emprender una nueva etapa.

Pues bien, he querido recordar las características del viejo boletín y la muy estimable labor desempeñada por Miguel Montserrat Gamiz en relación con el mismo; porque es justo y además conveniente recordar a las personas y su quehacer cuando son antecedentes causales de lo que ahora hacemos.

Además de reiterarle mi afecto y agradecimiento, me ha parecido conveniente, como pequeño homenaje a Miguel Montserrat, incluir finalmente unas breves consideraciones más bien anecdóticas, que para mí y supongo que también para él tienen el valor propio de las pequeñas cosas, de los detalles nimios que no obstante constituyen con frecuencia la esencia de la vida y nutren los recuerdos y los buenos deseos.

Miguel Montserrat Gamiz, como yo mismo, tiene una estrecha relación sentimental con Alfaro, esa próspera y alegre ciudad de la Rioja Baja donde nació y vivió su esposa y donde nació y vivió también mi madre.

Miguel Montserrat Gamiz, al igual que yo, es exalumno de las Escuelas Pías y cursó el Bachillerato en el colegio de la calle Conde Aranda, llamada después calle del General Franco y ahora de nuevo Conde Aranda, de Zaragoza. Y en su libro de constante mención "Recuerdos que un periodista zaragozano cuenta a sus nietos", he descubierto que también paseaba los jueves por la tarde desde el colegio al Soto de la Almozara, en el camino de Monzalbarba, donde los Escolapios poseían unos campos aptos para jugar al fútbol.

Sin duda recordará Miguel el itinerario que discurría por la calle Conde Aranda/General Franco, calle Mayoral a la derecha, hasta desembocar en la Plaza de Santo Domingo, en cuyo centro se encontraba el maloliente Mercado de Pescados (hoy teatro del Mercado), para enfilar después el camino de la Almozara (o del Tiro de Pichón), sin poder evitar el olor ácido y penetrante de la Industrial Química situada a la izquierda en el arranque del mismo y de cuyas chimeneas emergían humos verdes, amarillos y de otros colores.

Este itinerario ha sufrido una profunda transformación desde que Miguel Montserrat, primero y mucho después yo mismo, lo transitamos. Se han cambiado nombres, ensanchado calles, modificado recintos, derruidas industrias y viviendas. Se han trazado nuevos y amplios accesos, y todo ello hoy en día orientado hacia el emporio floreciente de la Exposición Internacional de Zaragoza del año 2008, cuyos ecos aún resuenan y esperemos que por mucho tiempo para bien de la ciudad.

Zaragoza, agosto de 2009

13. LOS PEQUEÑOS OFICIOS PERDIDOS

Las profesiones más habituales son de todos conocidas. Parafraseando a Larra, podemos decir que nadie ignora, por ejemplo, que los médicos viven de los excesos de los demás, los abogados de los disparates del prójimo, los economistas de la confusión generalizada, los militares de las desgracias bélicas y civiles, los empleados de la prosperidad y buena voluntad de los empresarios, los políticos de nuestro bolsillo, y así sucesivamente.

En cuanto a la artesanía, subsisten en gran parte oficios de toda la vida, como alfarero, vidriero, ebanista, etc., salvados por internet. Las nuevas tecnologías han supuesto una poderosa herramienta para que los artesanos se den a conocer e incrementen sus ventas, salvando así su dedicación.

Pero hay una serie de pequeñas ocupaciones marginales, esporádicas y a veces cuasi artísticas, que se nutren de los retales de la riqueza y desenvuelven en las orillas de la sociedad, la mayor parte de las cuales han sido paulatinamente engullidas por los cambios y avances de una sociedad globalizada y uniforme.

Son las que podríamos englobar bajo la denominación

de "oficios varios", dependientes de las pequeñas necesidades y fluctuantes entre el clima, las estaciones, el lugar, el día y la hora.

Como ejemplos, recuerdo el patio minúsculo donde el viejo Matías vendía en invierno zapatillas de paño y en verano helados y horchata. Y aquel personaje que, entre junio y septiembre, despachaba refrescos por las gradas en los espectáculos al aire libre, mudándose a la venta ambulante de caretas y matasuegras en carnavales, palmas en Semana Santa y globos y chucherías en las fiestas patronales.

Recuerdo también a los trotamundos que, primero con su acémila y andando el tiempo a bordo de la moto-carro, aparecían en las plazas públicas y daban higos, pasas y naranjas, a veces también queso manchego, a cambio de hierros y trapos viejos. El encanto del trueque se extendía, según la temporada, a otros artículos en ambas partes de la transacción. Era una delicia escuchar los argumentos y chascarrillos que, respecto a la cantidad y calidad de las mercancías, intercambiaban los contratantes.

Recuerdo a los revendedores en las tardes de toros cuando se llenaban las plazas; a los desocupados que adquirían gratis o muy barato papel en taquilla para integrarse en la CLA —ya desaparecida— con la honorable obligación de aplaudir el espectáculo, encaramados al "gallinero" de los teatros; y a los charlatanes festivos, hábiles y locuaces, ofreciendo plumas estilográficas, hojas de afeitar, etc. a precios que resultaban increíbles hasta el momento en que examinabas con detenimiento el género adquirido.

Entre estos y otros oficios varios o menudos —como hemos dado en llamarlos—, destacan por sus peculiares características los traperos y los juglares, a los que quiero dedicar ahora una especial atención.

El término trapo, del latín tardío "drappus", es tan sugerente que las acepciones del mismo en el lenguaje vulgar son múltiples, lo que evidencia la importancia social y sentimental que este quehacer infunde.

Y así, trapo no es sólo un trozo de tela o un retal, sino también, en términos taurinos, el capote de brega y otras veces la tela de la muleta; referido a la mujer, sus trapos son sus vestidos; en sentido figurado, *salir a todo trapo* es hacerlo con rapidez, dejar a una persona como un trapo es maltratarla verbalmente en una discusión, *sacar los trapos* es manifestar públicamente los vicios o defectos de los demás, *soltar el trapo* es echarse a reír o llorar según las circunstancias; y la frase *lengua de trapo* alude al habla balbuciente e imperfecta de los niños cuando únicamente tienen como guía la onomatopeya.

Los traperos, en sus comienzos, ya en Roma, vendían todo tipo de prendas de segunda mano, telas y paños que compraban a los particulares. Pero este ínfimo comercio fue transformándose a medida que se perfeccionaban los telares y se manufacturaban más uniformes, hasta quedar reducido a la búsqueda de materiales y objetos desechados.

Por lo que concierne a nuestro entorno geográfico y en épocas recientes, el trapero se desplazaba primero en carro y luego en camionetas destartaladas pero milagrosamente rápidas, saltando de portal en portal al fondo de los cubos. Como volando de flor en flor en la penumbra y en la noche, dotados de una sensibilidad exquisita para encontrar lo aprovechable, donde ponían el ojo ponían el gancho.

Los traperos, exponente máximo de la adquisición de la propiedad por la *ocupación*, estaban dotados de un especial talento: buscar, husmear, echar el gancho con guante y hacer propio lo hallado con notoria velocidad, pero acogiéndose al art. 610 del Código Civil. Los traperos eran pues —como se dice ahora— "gente legal", pues lo que adquirían con su actividad tenía la naturaleza de "res nullius".

Bien es cierto que en las noches de luna no podían entretenerse en contar y admirar las estrellas, pero llevaban dentro la noción poética de ofrecer un aspecto imponente, al moverse raudos en la semioscuridad, y la sensación de igualar con su labor a todas las personas, sin reparar en jerarquías, porque todos suelen depositar en los cubos y contenedores de basura más o menos las mismas cosas.

Los nuevos contenedores, herméticos y selectivos, y la recogida neumática en auge, han dado al traste con este pequeño oficio.

Por lo que respecta al juglar, éste ha experimentado cambios radicales hasta nuestros días.

La palabra tiene su origen en la latina *joculares* o *joculator*, persona que divertía a la gente por dinero.

En la alta Edad Media el juglar tocaba instrumentos musicales, cantaba, bailaba, recitaba poemas y narraciones heroicas, pero a partir del siglo XV cae en el desprestigio y su función queda reducida a la de músico animador de veladas en castillos y palacios.

Más adelante se convierte en un simple titiritero, después en el acompañante insolente y pendenciero hasta desembocar en el compadrito, en el chulo o en el lunfardo, aprendices de proxeneta, que acompañan, defienden de los demás, pero maltratan y explotan a la mujer.

El compadrito del Río de la Plata, el chulo de baile español y el lunfardo italiano, fueron héroes de los bajos fondos, a quienes en tiempos no tan remotos mordieron las viejas serpientes de las leyes sobre Vagos y Maleantes y que actualmente podrían tener su acomodo en el Código Penal.

Los tres ceñían amplios pañuelos de colores en sus cuellos, aunque su pose y sus aditamentos fueran distintos. Con gorra visera o brillantina en la cabeza, tuvieron como denominador común la afición a la música bailable, el puñal oculto y la mirada siniestra. *Pero también y sobre todo, por encima del tango, la milonga o el pasodoble tuvieron cierta miseria moral que se manifestaba en un intento permanente de dominio del otro género.*

El compadrito, el chulo y el lunfardo fueron pues degeneraciones ruinosas del juglar o, como decía Jorge Luis Borges "plebeyos de las ciudades y del indefinido arrabal".

No obstante, desde la perspectiva estrictamente literaria, estas figuras humanas resultaron sugestivas y atrayentes para gran número de poetas y ensayistas, entre ellos el ya citado Borges, quien refiriéndose a los compadritos bonaerenses escribió:

> Siguen apuntalando la recova del Paseo de Julio cuando el último sol es amarillo en la frontera de los arrabales. Y vuelven a su crepúsculo, fatales y muertos, a su hembra y su cuchillo. Perduran en apócrifas historias, en un modo de andar, en un rostro, en un silbido, en pobres cosas y en oscuras glorias, en el último patio de la parra, cuando la mano templa la guitarra.

Y Miguel D. Etchebarne nos contó después su final en la estrofa XIX del relato poético *Vida y muerte del compadre:*

> Y así terminó su fama en una tarde cualquiera. La sangre perdió en la acera su rojo intenso de llama. Y los finales del drama en el vaivén del carruaje, lo llevaron al paraje donde no se pisa fuerte y sólo reina la muerte sobre el temblor y el coraje.

El compadrito, el chulo y el lunfardo han sido hoy amplia y peyorativamente rebasados por las organizaciones y redes de trata, que han elevado a cotas mucho más altas el desprecio de la dignidad de la mujer, el atropello de su libertad sexual y la infracción de los más elementales principios y derechos humanos.

Echa uno la vista atrás, retrocediendo en el tiempo y forzosamente ha de sorprenderse y angustiarse de la metamorfosis experimentada por el pequeño y enternecedor oficio de juglar, hoy irremisiblemente perdido.

Maluenda, enero de 2010

14. LA DEFENSA DEL HONOR

Ninguno de nosotros hemos conocido el *Duelo*. El lanzamiento y recogida del guante en el aire o en la tierra, como iniciación a la defensa del honor mancillado.

La quintaesencia del orgullo, el arrebato de la vanidad, la explosión de la ira. Todos los pecados capitales juntos, todas la actitudes energuménicas reunidas.

El desafío a la salud y a la vida. El tableteo de los carruajes y su vacilante luz en la penumbra. Los padrinos, los testigos. El examen del terreno, la fijación de las distancias, la comprobación del arma, la advertencia de las prohibiciones y estratagemas.

Finalmente, el tiempo detenido y el singular vahído tras el disparo, durante el cual uno no sabe si está vivo o está muerto.

Esta forma tan salvaje y denigrante de defender el honor, que dejaba impune la herida y la muerte, fue posible porque el orden de los valores fue distinto al que posteriormente conocimos y aceptamos.

El Duelo ya era conocido y practicado en la antigüedad. Los griegos le llamaron *monomachia* (riña de uno contra otro); y los romanos *quasi duorum bellum* (pelea entre dos). Pero se hizo más común en España a raíz de la invasión de los bárbaros del Norte.

Después, con la llegada de los árabes, se generalizan los desafíos de honor, hasta el punto de que el Duelo aparece regulado minuciosamente en normas que tratan de precaver la facilidad y crueldad con que se venía practicando. Esta nueva legislación se propagó a través de los fueros municipales durante la Reconquista, insertándose para general conocimiento de los castellanos en el Código de las Siete Partidas de Alfonso X El Sabio, ya en el siglo XIII.

Transcurrieron muchos años hasta que el Duelo fue expresa y formalmente rechazado, lo que ocurrió en el año 1480, cuando los Reyes Católicos prohíben los "carteles" de desafío y establecen penas para el que los haga y envíe, reciba y acepte.

A pesar de ello y ante la persistencia de los "lances", Felipe V y Fernando VI, mediante sendas Pragmáticas en los años 1716 y 1757, respectivamente, insisten en la prohibición de duelos y desafíos, al no haberse podido desterrar —se dice— esta costumbre contraria al Derecho Natural, a pesar de las penas establecidas —continúan— por sus abuelos D. Fernando y Dña. Isabel.

El Código Penal de 1848, reformado en 1850 y 1870, si bien castiga el Duelo, no dejó de advertir disculpas basadas en la violencia que produce en la voluntad del duelista la preocupación general que acusa de cobarde y falto de pundonor al que no recurre a este medio en las cuestiones de honor. El hecho es que lo castiga como un homicidio menor.

Por otra parte hubo y perdura una segunda fórmula de defensa del honor, no por poco practicada menos sugestiva. Me refiero a la *acción de jactancia*, cuyo ejercicio corresponde al titular auténtico de un derecho frente a quien, sin pertenecerle, presume públicamente de ostentarlo.

Etimológicamente jactancia significa alabanza propia desordenada y presuntuosa. En el lenguaje legal se toma por la manifestación que uno hace de cosas que pueden causar a otro perjuicio o menoscabo en su estado personal o en su reputación; como por ejemplo, decir que la hacienda que ese otro posee como propia no es suya en realidad por haberla adquirido a través de medios ilícitos o injustos.

La jactancia es una infamia que lesiona el honor. Y la acción de jactancia, que se fundamenta en ese acto de perturbación grave, persigue que el perturbador ejercite una acción para probar lo que proclama públicamente o, en caso contrario, conseguir que calle para siempre.

En definitiva, el difamado o perturbado en su derecho, en lugar de instar la acción específica que le asiste en defensa de su derecho (declarativa de dominio, reivindicatoria, de nulidad contractual, de protección del derecho al honor, etc.), ejercita la acción de jactancia para provocar que sea el jactancioso quien accione, pasando así de ofendido a demandado.

En nuestro derecho, el primer precedente lo encontramos también en el Código de las Siete Partidas, concretamente en la Ley XLVI, Título II, Partida III.

En el devenir del tiempo, esta histórica acción ha venido considerándose vigente, entendiendo la jurisprudencia que el Código Civil no la derogó y por tanto permanece en su finalidad de garantía y defensa, como vía para preservar los derechos, como único camino frente a la incertidumbre (sentencias varias del Tribunal Supremo: desde el 8 de Marzo de 1884, pasando por las de 27 de

Septiembre de 1912, 30 de Abril de 1960, hasta la de 30 de Junio de 1971).

Una vez promulgada la Constitución de 1978 y después la Ley 1/1983 de Mayo como cauce procesal para la defensa y protección del honor, la línea jurisprudencial, aunque continúa manteniendo la vigencia de la acción de jactancia, ha evolucionado hacia posiciones muy restrictivas en lo que concierne al ámbito de aplicación de la misma.

Ningún Tribunal discute la subsistencia de la acción de jactancia, pero no cabe duda que la doble pretensión que persigue: una primera a entablar proceso y una segunda de condena a no realizar manifestaciones, encajan en el art. 5 de la Ley de Enjuiciamiento Civil y tienen asimismo cabida en la Ley 1/1983 de protección del honor.

En conclusión:

De muchas cosas puede presumir el hombre, pero como más importantes y objeto de la acción de jactancia y del duelo, son aquéllas que se comprenden en los lances del amor, en los lances del dinero y en los lances del poder: pasiones las tres radicales, universales y eternas, que sólo el transcurso del tiempo puede neutralizar.

Y de las tres pasiones, la más perniciosa es la del poder cuando éste pierde el orden y se convierte en individualismo, egolatría y vanidad.

El poder es en sí mismo necesario, pero desvirtuado o desbaratado, el poder obnubila, el poder falsea, el poder traiciona; se hace inmisericorde, iscariote, insaciable, innoble y al final inútil.

Por ello, el poder desordenado y confundido condujo a Nerón a incendiar Roma, a Napoleón a conducir al martirio colectivo a los soldados de su ejército en las nevadas estepas rusas, a Hitler, al exterminio de sus semejantes, sin causa ni límites, etc.

El poder es un caballo salvaje, fuerte y poderoso, que hay que domesticar y contener para evitar que se desboque y nos aplaste.

¡Qué paz y qué sosiego esperar la noche, saludar al alba y abrirse a la luz de cada día sin ostentar el poder!

Zaragoza, marzo de 2010

15. LA NOSTALGIA DE SEFARAD

Uno de los capítulos de la Historia Universal más sugerentes es el relativo a los sefarditas o sefardíes, aquéllos judíos sacados por la fuerza de la tierra en que habitaban y habitaron sus ascendientes desde siglos: Sefarad, es decir, Hispania.

A diferencia de sus hermanos, originariamente de la misma religión —que quedaron en la Península después del Edicto de expulsión promulgado por los Reyes Católicos en 1492— los expulsados permanecieron fieles al judaísmo y optaron por la diáspora frente a la conversión, pese a los peligros y privaciones que ello comportaba.

A este primer grupo de expulsados, que recalaron especialmente en ciudades ribereñas del Mediterráneo, se añadieron después otros grupos de judíos falsamente convertidos al catolicismo y popularmente conocidos por el apelativo de "marranos"[3]. Un número considerable de estos "cristianos nuevos", temerosos de que el Tribunal del Santo

---

[3] "Marrano". Judío fingidamente convertido al cristianismo que, generalmente, pedía no se le forzara a comer carne de puerco.

Oficio descubriese su fingimiento y les sometiera a proceso, emigraron a lo largo de los años y hasta mediados del siglo XVIII, tanto a Europa como al Oriente Próximo y al Nuevo Mundo.

Unos y otros: los expulsados en el siglo XV y los que salieron después por propia iniciativa, formaron comunidades de sefardíes, estableciéndose los primeros preferentemente en Esmirna, Rodas, Salónica, Constantinopla, Sofía, Bucarest y Sarajevo, y los segundos en Holanda, Italia, Inglaterra, Francia, Turquía, etc. Tales comunidades sociales pudieran considerarse pequeñas repúblicas, no en el sentido nacional y geográfico, sino en sentido espiritual, histórico y lingüístico, con rasgos ibéricos definidos.

Es oportuno recordar que, prácticamente al mismo tiempo que las tres carabelas de Colón salían al amanecer del 3 de Agosto de 1492 en su primera expedición, zarpaban también al anochecer las naves que llevaban a tierras extrañas a los judíos que no habían renegado de su religión, manteniéndose "en sus trece"[4].

Cuando los Reyes Católicos preparaban el Edicto de expulsión, los sabios rabinos y hombres de Estado, Abraham Señor e Isaac Abravanel, trataron de disuadirles, demostrando que los judíos de Sefarad no habían tomado parte en la muerte de Jesucristo, pues habitaban en Iberia desde épocas remotas, antes de la era cristiana. Al propio tiempo, ofrecieron 300.000 ducados para la guerra contra los árabes.

Se sabe también que, cuando sus Majestades

---

[4] "En sus trece" hace referencia a los 13 artículos de fe emitidos por el judío cordobés Maimonides, que todo buen sefardí debe recitar ante el peligro de muerte. Permanecer fiel al judaísmo frente a las amenazas y a la tortura de la Inquisición, es seguir "en sus trece".

comenzaban a dudar, entró en la cámara el Gran Inquisidor General Torquemada, quien tirando el crucifijo a los pies de los Reyes exclamó aquella famosa frase: *Judás vendió al Señor por treinta dineros de plata y vuestras Majestades querían venderlo ahora por trescientos mil.*

Aproximadamente unas 250.000 almas salieron de España. Habían trocado sus haciendas por un miserable pedazo de lienzo, pues les era prohibido llevar consigo monedas de plata u oro.

El citado Isaac Abravanel, a pesar de su categoría social, de sus riquezas e influencias, prefirió recorrer con los suyos el camino del exilio. Y es de notar que su hijo Judas Abravanel, conocido como León El Hebreo, siguió a su padre y se estableció en Florencia, donde escribió sus famosos *Diálogos del Amor*, libro traducido a todas las lenguas, en el que se inspiraron Camoens, Fray Luis De León y el propio Cervantes.

Precisamente los *Diálogos del Amor* y las *Crónicas del Cura de los Palacios*, testigo presencial de la expulsión, son las fuentes más fidedignas para conocer las incidencias de la odisea de los expulsados.

Los sefardíes conservaron las tradiciones literarias y científicas de la tierra de su procedencia. Cantaban y bailaban los viejos romances, los lances de recova y las danzas ancestrales de Sefarad en el fondo de sus nuevos hogares y en las esquinas de las intrincadas callejuelas.

Item más, mantuvieron las costumbres y conservaron los mismos vicios y virtudes adquiridos en la tierra de origen. Pero sobre todo, siguieron comunicándose en el idioma materno: el español de finales del siglo XV, que se ha dado en denominar ladino.

Al igual que en España, las juderías eran como una ciudad dentro de otra ciudad. En sus calles podía leerse, por ejemplo: "El Postigo de León", "Calle de los Tañedores", "Calle Ancha"…

Los vendedores ambulantes pregonaban "higos de Bardaji", "arrope para los binuelos", "laurel para la zuca".

En los oscuros vanos de las ventanas, se adivinaban los rostros de las viejas chismosas, las mismas que solían recitar consejas con moraleja y final feliz.

En las templadas noches de primavera y verano, también en los desposorios, las juderías se llenaban de gozo con sus tañedores, cantadores, poetas y romanceros. Podían escucharse, en medio de las distintas intervenciones musicales, aquellas sentencias populares surgidas en Sefarad y prendidas en el recuerdo; y los refranes de siempre, vigentes desde el siglo XV, como "Jaim Arroxas, el de las bragas floxas", "Hannane Corcovado, tira la piedra y esconde el brazo", "hoy al contado y mañana al fiado".

A modo de ejemplo, transcribimos algunas cantigas traspasadas posteriormente al pentagrama, entre ellas:

> *Mi amor se fue a la guerra, no se si aboltará. Así biva el capitán que me diga la verdad, mi amor se fue a la guerra, no se si voltará. Si abolta y si no abolta, siempre mi amor será.*

> *Dame la mano palomba para subir a tu nido, maldicha que duerme sola y no viene a dormir conmigo.*

> *Lo moreno lo hizo Dió, lo blanco lo hizo el platero. Biva la gente morena que por lo moreno muero.*

Pero el recuerdo de Sefarad fue tan fuerte y sentido que, ya en el siglo XVI encontramos algún expulsado incapaz de soportar la nostalgia. Citaremos como ejemplo al sefardita Agustín Manuel, residente en Constantinopla, quien consiguió regresar a su viejo hogar después de gestionar el retorno con el Marqués de Pescara; su vuelta estuvo condicionada a que aceptara el bautismo, se pusiera al servicio del Rey y llevara su hacienda a España.

Transcurrieron los siglos y, salvo los casos aislados de algunos sefardíes vencidos por la nostalgia, no se produjo el regreso de grupos de cierta consideración hasta los prolegómenos de la II República y en el transcurso de la misma durante los años 1931 a 1935, debido a la inquietud que produjeron las turbulencias sociales y políticas acontecidas en Europa y al peligro que se auguraba.

En efecto, las familias de sefarditas que regresaron a España, se salvaron de las persecuciones de los años inmediatamente anteriores a la II Guerra Mundial y del Holocausto ocurrido durante la misma, cuando desde los países ocupados por Alemania, multitud de judíos —entre ellos sefardíes— fueron trasladados en trenes especiales, privados de lo más elemental, hacia los campos de concentración y exterminio, particularmente el de Auschwitz, al sur de Polonia.

Un nuevo y despiadado ataque. Esta vez la excusa política no fue la religión sino la raza. En ambas ocasiones la razón oculta pero real fue el poderío económico, la categoría científica y la influencia social que los judíos habían adquirido con su laboriosidad, austeridad y espíritu de superación.

Después de todas las incidencias expuestas, la situación se puede resumir diciendo que, en nuestros días, los sefardíes establecidos en Europa y América, aunque siguen las tradiciones hispánicas, ya no hablan el ladino sino el idioma del país de su residencia. En cambio, los que emigraron y se mantienen en Argel, Marruecos y Oriente Próximo practican el ladino, aunque modernizado o influido por el español actual, y no han perdido tampoco sus viejas tradiciones.

En general, a pesar de las injurias, desprecios y

persecuciones sufridos, los sefardíes vuelven aún su mirada a la tierra de sus antepasados; y después de cinco siglos continúan recitando los romances y lanzando al aire los cantares de Sefarad, a la manera que sus hermanos israelitas entonaron los cánticos de sus profetas en las orillas del Éufrates, bajo los sauces llorones.

Para ellos, España es el faro que guía sus anhelos y la tierra en la que hunden sus raíces. Con ansias unificadoras, tienden hacia nosotros sus manos con nobleza y buscan integrar su espíritu con nuestro espíritu. Y sueñan con volver, como sea y cuando sea, a Sefarad, de la que sienten eterna nostalgia.

Zaragoza, junio de 2010

16. EL ESTRAPERLO

La palabra estraperlo es una aportación relativamente reciente a nuestra lengua; surgida entre los años 1933-1935 fue ya introducida en el Diccionario de la Real Academia.

Está formada por la fusión de las dos primeras sílabas de los apellidos Strauss y Perlowitz, dos avispados holandeses que, usando hábilmente los conocimientos y estratagemas adquiridos en el turbulento mundo de los juegos de azar, lograron engañar al Gobierno español de entonces, de tal manera que éste admitió y legalizó como una gran invención tecnológica aquélla especie de ruleta eléctrica denominada *stra-perl*, la cual resultó un timo.

La cuestión fue muy debatida durante largo tiempo, tanto en el Parlamento como en la calle, llegando a consagrarse los términos estraperlo (de *stra-perl*) y estraperlista para designar el comercio ilegal, los negocios sucios y a quienes medran de forma poco clara.

Finalizada la Guerra Civil de 1936-1939, el estraperlo adquirió notable importancia como consecuencia de la situación de escasez y del bloqueo internacional sufridos por nuestro país durante una postguerra particularmente dolorosa que, en lo material y económico, obligó a intervenir la producción de alimentos, a entregarlos en determinados puntos de recepción y a tasar sus precios.

Surgió la *libreta del racionamiento*, la cual contenía varios sellos, uno por cada producto, y con la que los padres de familia podían adquirir pan, arroz, azúcar, aceite, patatas, etc., generalmente de ínfima calidad, a precio de tasa pero en cantidades notoriamente insuficientes para cubrir las necesidades mínimas.

Hubo muchas personas que salieron por las noches a hurtar por los campos como única forma a su alcance para poder dar de comer a sus familias.

Fueron tiempos difíciles, especialmente en las ciudades, insuficientemente abastecidas y sin otra salida que el comercio clandestino para suplir la escasez. Una forma de estraperlo, propia de las grandes ciudades, consistió en viajar a las zonas en las que se podían adquirir alimentos con cierta facilidad; por ejemplo a Valencia para comprar arroz o a Jaén para comprar aceite, y regresar a Madrid, Barcelona, Zaragoza, Bilbao, etc., para venderlos a precios muy superiores a los de adquisición.

La mercancía se trasladaba en los trenes arrastrados entonces por máquinas a vapor, donde había que esconderla por todos los rincones durante el viaje. Cuando surgía el peligro porque la Policía aparecía en cualquier estación del recorrido, los estraperlistas llegaban a subirse a los techos de los vagones y corrían por encima como si lo hicieran por el suelo. Cuando el tren llegaba a las proximidades de la estación de destino y los maquinistas disminuían la velocidad, los estraperlistas tiraban los bultos por la ventanilla para que los recogieran sus familiares.

Eran también tiempos de penuria en los pueblos, donde el retraso privó a sus pobladores no sólo de determinados alimentos, dependiendo de su orografía, sino también de conducciones y desagües, entre otras "comodidades". La luz eléctrica venía al anochecer y se ausentaba al alba, obligando al uso complementario de candiles y carbureros, objetos auxiliares imprescindibles para alumbrar los cuartos oscuros en que se guardaban las escasas viandas, a salvo del calor, de los insectos y de los ataques inmisericordes de los pilluelos.

Las madres de familia y las "tionas", también las abuelas cuando las cataratas no lo impedían, remendaban una y otra vez calcetines, medias, camisas, etc., y echaban pedazos de tela a través de urdimbres inverosímiles en las rodilleras y traseros de los pantalones: en parte apedazas, en parte raídas, en parte descoloridas.

Determinados adminículos, como los tirantes, redujeron su número a la mitad; de tal manera que no era extraño ver a los niños saliendo de la escuela con un tirante cruzado, o sea, abrochado por la espalda al ojal derecho del pantalón y por delante al ojal izquierdo del mismo. Y en cuanto al cinturón —más conocido como correa—, el cuero se sustituía por una cuerda de esparto, a veces de cáñamo, con su correspondiente nudo de sujeción en la delantera o en un costado.

Pero séame permitido, para una mejor comprensión de esta denostada actividad, relatar las peripecias de una famosa estraperlista llamada Domitila sobre la que he oído hablar profusamente a los mayores.

Era Domitila, en la época del racionamiento, una mujer viuda, valiente, fornida y permanentemente vestida de negro. En sus constantes ausencias, dejaba a sus cuatro hijos menores al cuidado de su hermana, La Paca, moza de rompe y rasga capaz de transportar tres cantaros de agua: dos en los "ancones" y uno sobre la cabeza, desde la fuente de la Plaza a la casa, y llevar además consigo a los inquietos retoños.

Al amanecer, Domitila aparejaba su borriquillo y lo cargaba de garrafas de aceite y otros artículos intervenidos, adquiridos de agricultores amigos y de enlaces secretos. Seguidamente, con mimo y arte supremos, disimulaba el contenido de la carga, aparentando que transportaba leña o andrajos en lugar de mercancías de ilícito comercio.

Un día y otro, Domitila, asida a su garrote y el borriquillo delante, atravesaba en ambos sentidos las Sierras Virgen y Vicor, caminando sigilosamente entre dos luces y a veces de noche por sendas de herradura y vericuetos empedregados, al borde de barrancos y torrenteras.

Soportando estoicamente las inclemencias del tiempo y del terreno, la mujer iba cavilando sobre la escasez de su peculio, la abundancia de sus necesidades y la forma de sacar adelante a sus pequeños.

De vez en cuando el borriquillo, de pelaje entreverado, al que había dado en llamar "Aceitero", se cuadraba en medio de la senda sin que, por su natural cansino, obedeciera las voces de Domitila quien, unos metros más atrás exclamaba furiosa: ¡Arre arre!, viéndose al fin obligada a estimular a Aceitero, golpeándolo con el garrote y repitiendo ¡Arre Aceitero, arre!.

Recuperada la marcha y mientras avanzaba en el camino, Domitila oteaba el horizonte. Y en todo momento permanecía vigilante y dispuesta al escondite o al brusco viraje en el caso de divisar a los agentes de la autoridad, los únicos que le infundían pánico porque podían detenerla, requisarle la mercancía y conducirla al calabozo, privándola al menos por una noche de la mirada tierna y expectante y de los abrazos de sus hijos.

A nada más tenía Domitila en aquel quehacer al que la vida le había conducido. Por eso, cuando las gentes de su confianza le preguntaban si sentía miedo de transitar por las montañas sola y a horas intempestivas contestaba que no; y añadía: *Si me sale un animal le echo el garrote y si me sale un hombre me echo yo.* Pero lo que se echaba era a reír nada más de pronunciar la frase, exhibiendo los dos garfios dentarios que, de una forma tan milagrosa como inquebrantable, permanecían solitarios en sus mandíbulas.

Habrá que convenir que Domitila fue en cierto modo una benefactora de la humanidad doliente que tuvo la mala suerte de padecer el rigor de la postguerra. Pueblos de secano donde nada más se cultivaban cereales y precisaban por tanto de los demás alimentos; o pueblos de regadío en los que faltaba el trigo panificable que Domitila también cargaba en el borriquillo Aceitero, ya de regreso a su casa.

Era un estraperlo de ida y vuelta, de regadío a secano, del olivar a la meseta, del huerto al llano, del amanecer al ocaso. Y en ambos sentidos, la montaña siempre oscura y misteriosa donde podía estar escondida la Guardia Civil o salirle de improviso un gato montés, o aparecer un bandolero insolente al doblar cualquier recodo.

Domitila viuda, Domitila fuerte, Domitila avispada. Domitila madre, Domitila enlutada y, en la intimidad de su austero hogar, Domitila del llanto por el hombre que se fue pronto y por la suerte de los cuatro hijos que le dio, cuya crianza debía compartir con su hermana La Paca.

La Paca, "soltera vieja", fornida, solitaria, enérgica, pero todo bondad y sacrificio, quien tanto amaba a las cuatro criaturas a quienes quería y cuidaba como si fueran suyas propias.

Y gravitando sobre este panorama humano tan entrañable, se alzaban leyes, decretos y organismos represores, cuyos nombres resonaban machaconamente en los oídos de Domitila: Fiscalía de Tasas, Comisaría de

Abastos. Abastos, Fiscalía de Tasas, cartillas de racionamiento...

Entre aquellas normas y como más principales cabe destacar las leyes de 26 de Octubre de 1939, 3 de Septiembre de 1940, 4 de Enero de 1941 y el Decreto de 27 de Septiembre de 1941, de las que se desprendía que, en caso de cometerse delito por incidir en uno de los supuestos previstos como tales en las leyes, las infracciones de tasas —como el estraperlo— junto con las penas impuestas, serían castigadas también con alguna o algunas de las siguientes sanciones: multa de 1.000 a 500.000 pesetas, prohibición de ejercer el comercio, clausura del establecimiento entre tres meses y un año, multa extraordinaria superior a 500.000 pesetas, cese o inhabilitación definitiva y destino entre tres meses y un año en un batallón de trabajadores.

Más de una vez, a propósito de esta última sanción, Domitila se preguntó cómo encajaría su persona en un batallón de trabajadores. Y no encontró mejor respuesta que lo haría dedicándose a venderles a buen precio artículos de primera necesidad intervenidos, o sea, estraperlando.

Jaca, agosto de 2010

17. TÉRMINOS JURÍDICOS DE LA LENGUA ARAGONESA. LOS ADEMPRIOS

En el año 1985, Francho Nagore, al prologar la última edición del diccionario aragonés-castellano de Mariano Peralta, puso de manifiesto el prurito de los centralistas, gozosamente admitido por los intelectuales aragoneses, de aprovechar los términos de nuestra lengua vernácula para enriquecer el diccionario español.

La idea de la integración del léxico aragonés en la lengua española se propició durante mucho tiempo, hasta desembocar en una merma importante de nuestra conciencia lingüística, dejándonos el triste sucedáneo de esa figura falsa e hiriente del baturrismo, que poco a poco y por fortuna hemos ido desterrando.

Nuestros lingüistas más reconocidos, como el ya citado Mariano Peralta, Gerónimo Borao, José Pardo De Asso, etc, coincidieron en considerar que, siendo en el Alto Aragón donde se habla un aragonés más diferenciado, lo que ellos pretendieron recoger en sus respectivos diccionarios no fue esa lengua particular de la montaña, sino el *léxico aragonés conservado en el castellano regional de Aragón*, que es hoy el propio y usual de la inmensa mayoría de la Región, con algunos giros locales y comarcales.

Debe consignarse no obstante, como particularidad notoria, que los términos jurídicos estrictos propios del derecho foral aragonés y algunos otros relacionados o conexos, han sido precisamente los que mejor han resistido la integración, permaneciendo invariables a lo largo del tiempo, como puede comprobarse en el Glosario de las voces provinciales y anticuadas que incorporan los juristas Pascual Savall Dronda y Santiago Penen Debesa en su libro recopilatorio de los Fueros, Observancias y Actos de Corte del Reino de Aragón (año 1.866), donde recogen 2.100 términos, entre ellos uno muy concreto y digno de especial atención, cual es *Ademprio.*

La palabra ademprio, poco conocida e históricamente desenfocada, no tiene exactamente el significado que se le atribuye.En el exigüo diccionario de Peralta y en el "Vocabulario de Aragón" de Moneva y Puyol, se le equipara a Egido, es decir, a esa zona diseminada que podríamos describir como el terreno donde las Eras de pan trillar y las franjas cardosas se alternan sin orden ni concierto; como las "afueras " del pueblo; como tierra que no se labra ni se planta y es común para todos los vecinos.

Egido: esa zona catastral y jurídicamente sin delimitar, terreno de nadie que únicamente ha servido para los desafios entre hombres, para aparcamiento y depósito transitorio de carruajes y caballerias de salteadores económicos y politicos, para el goce de las aventuras amorosas o para escondite y meditación de pusilánimes.

Si los Egidos hablaran desde su altonazo, lo harían sobre el amor escondido, sobre el amor prohibido, sobre los odios recónditos, sobre lances de celos, sobre el botín y la huida apresurada de los ladrones de alhajas y de conciencias.

Otros lingüistas, como Grau Moracho y Andolz, atribuyen al ademprio la categoría jurídica de contrato, según dicen de ganadería, y no la de objeto de un contrato que puede no tener nada que ver con los pastos y el ganado.

En realidad, *ademprio* o *ademprivio*, es uno de los aprovechamientos de las fincas comunales, a cuyo disfrute tienen derecho todos los vecinos del pueblo, conforme al título constitutivo o a la costumbre del lugar. Así se deduce de la Compilación de Derecho Civil de Aragón, Ley 15/1957, en la que se hace referencia al ademprio al regular las servidumbres bajo el epígrafe "Alera Foral y Ademprios" dentro del art. 146 de la misma.

En este precepto se dice literalmente: *La alera foral y las mancomunidades de pastos y leñas y demás 'ademprios'.* Se trata pues de un aprovechamiento en mancomún de uno de los productos naturales del monte comunal, como son: leña, pastos, setas comestibles, frambuesas etc., que nacen en el campo por generación espontánea y adquieren el desarrollo natural que les hace aprovechables o comestibles y son aprovechados por los vecinos del municipio donde está enclavada la finca. Esta acepción es perfectamente compatible con la de "toda especie de goces forales ", que aparece en el diccionario de Derecho Civil Aragonés de Manuel Dieste (año 1.869).

Uno de los ademprios más peculiares es el ESPLIEGO, planta olorosa y de múltiples aplicaciones, abundante en determinados montes predominantemente yesíferos, que solía recolectarse por los agricultores y de cuya destilación se obtiene la esencia para la fabricación de la colonia lavanda. En orden a su recolección y antes del imperio de la megafonía y de la informática, el comienzo de la campaña se anunciaba de viva voz mediante el sistema del pregón y se difundía a través del comentario que los vecinos presentes con buen oído y mejores entendederas hacían a los demás.

Se podía observar la rapidez con que la noticia llegaba a todos, y cómo se hablaba de la recolección del espliego en las plazuelas, en los respiraderos de las costanillas, a través de las puertas entreabiertas, en el fondo de los callizos... En todos los rincones, los niños y los mayores repetían: ¡espliego, espliego!

Pero en la campaña en la que estamos pensando, Matias, alguacil-pregonero, había recibido la orden y el texto del pregón de manos del Secretario del Ayuntamiento, nada más abandonar la taberna EL JUBILO en la que cada mañana se echaba entre pecho y espalda dos ó tres "revueltos", bebida espirituosa compuesta, mitad por mitad, de vino moscatel y aguardiente, que proporcionaba a los peones y empleados municipales la energía y contento necesarios para soportar las tribulaciones de la jornada.

Al salir de EL JUBILO, Matias comprobó el estado de sus facultades orgánicas y el funcionamiento de la corneta, y encontrándolos satisfactorios, se acercó al punto de costumbre. Con su potente voz lanzó al aire el pregón, anunciando la instalación de la industria ambulante de destilación en el manantial La Alberquilla y la apertura al día siguiente de la recepción y compra del espliego a los vecinos.

En esta ocasión, Matias echó el pregón con mayor fuerza y entonación que nunca. Un sentimiento mezcla de rabia y de nostalgia le invadía al verse superado por los adelantos del progreso, que hacía ya inútil su labor. Sabía que era su último pregón, porque el sobrino de un concejal, que trabajaba en la ciudad, iba a instalar al día siguiente potentes altavoces y mecanismos elctrónicos en la torreta de la Casa Consistorial.

Acabado el pregón, Matias, apoyado sobre el saliente de una fachada y tras respirar hondamente, miró con cariño inmenso la corneta pregonera que tantas satisfacciones le había dado, pero que ya no servía. Y estuvo tentado de lanzarla al basurero. Más en última instancia, se acordó que este pequeño instrumento musical de latón podía hacer las delicias de su nieto. Es por ello que, al mismo tiempo que una lágrima se deslizaba por su rostro, curtido por los aires de tantos pregones desde todos los puntos cardinales, guardó la corneta en la faltriquera y marchó cabizbajo a entregársela a su nieto, como el mejor y más jubiloso regalo.

Zaragoza, octubre de 2010

18. EL TESTAMENTO DE DON QUIJOTE

En la prestigiosa publicación periódica "Registradores" apareció una colaboración que se limitaba a transcribir –como recordatorio de una de las fuentes más auténticas de nuestra lengua y carácter– el testamento de Don Quijote, aquél que dicta al Escribano en presencia de la familia, servidores y amigos, después de haber abandonado definitivamente sus imaginarias luchas, hazañas y empeños desarrollados a lo largo y ancho de las tierras de España.

En lo que Cervantes llama cabeza del documento se comprende la confesión del creyente y la ordenación ceremonial para después de la muerte. Pero además, Don Quijote intercala una máxima, que resume su vida, cuando muestra su arrepentimiento y dice: "Yo fui loco y ya soy cuerdo, fui Don Quijote de La Mancha y soy ahora Alonso Quijano El Bueno".

Fue un testamento que podríamos calificar de popular, por la presencia y participación en su otorgamiento, no sólo del fedatario público sino también de la familia, dependientes y personas representativas del pueblo. Un testamento en el que la voluntad del testador, a medida que se va desgranando, merece el comentario y hasta los sollozos de los asistentes.

Pero el hecho fue que el Ingenioso Hidalgo, estando ya molido por sus avatares, se sintió de repente cuerdo y, para que fuera escrito y pasara a la posteridad, mandó lo siguiente:

> Item es mi voluntad que de ciertos dineros que Sancho Panza, a quien en mi locura hice mi escudero, tiene porque ha habido entre él y mí ciertas cuentas y dares y tomares, quiero que no se le haga cargo de ellos ni se le pida cuenta alguna, sino que si sobrare alguno después de haberse pagado de lo que le debo, el restante sea suyo, que será bien poco, y buen provecho le haga.

¡Qué forma más noble de donación!, nos cabe decir. Librar al deudor de ataques futuros y ciertos, tanto de herederos como de acreedores, sin manifestar ni señalar siquiera cifra alguna, o sea, sin liquidar —como se diría ahora— aquellos *dares* y *tomares*.

Comprendiéndolo así Sancho Panza le respondió llorando:

> No se muera vuesa merced, señor mío, sino tome mi consejo y viva muchos años, porque la mayor locura que puede hacer un hombre en esta vida es dejarse morir sin más ni más, sin que nadie lo mate, ni otras manos le acaben que las de melancolía.

Sancho es pues consciente en su interior de que Don Quijote no muere de enfermedad común ni de pócima envenenada ni de los embates de médico o cirujano, sino de melancolía, es decir, de mal de amores o de pena. Y por eso continúa:

> Mire, no sea perezoso sino levántese de la cama y vámonos

al campo, quizás, tras alguna mata, hallaremos a la Señora Dulcinea desencantada; y si es que muere de pesar de verse vencido, écheme a mí la culpa......., cuando más que vuesa merced habrá visto que el vencido hoy puede ser vencedor mañana.

En este diálogo entre caballero andante ya abatido y escudero, aflora una franca hermandad que, usando la terminología de la época, podría decirse que supera la simple relación entre amo o señor y criado o servidor. No hay enfrentamiento sino comprensión. No se exhiben ni se invocan documentos o derechos preestablecidos. Se expresan, en cambio, con hechos y palabras, la profunda misericordia y el cordial afecto mutuos.

Y es por ello que Don Quijote, al dictar al escribano la manda a favor de Sancho Panza exclama:

> ...si pudiera ahora, estando cuerdo, darle el gobierno de un reino se lo diera, porque la sencillez de su condición y fidelidad en su trato lo merece.

Pero Don Quijote continuó:

> Y la primera satisfacción que se haga quiero que sea pagar el salario que debo, del tiempo que mi ama me ha servido, y más de veinte ducados para un vestido.

Como se aprecia, el Hidalgo no sólo reconoce su deuda, sino que ordena pagarla en primer lugar por la especial naturaleza de la misma al provenir del esfuerzo y paciencia de aquella su ama. Brillante ejemplo de una relación laboral en la que la trabajadora soportó pacientemente la pasajera locura —en definitiva, insolvencia— de su empresario, y el empresario puso por delante de todas sus mandas y legados la satisfacción del salario pendiente, con intereses, pues no otro sentido cabe atribuir a la expresión *los veinte ducados más para un vestido*, a no ser el de agradecimiento íntimo y recompensa moral y material, surgidas del fondo del alma y que harían temblar o a lo peor quebrar la pluma del Escribano.

Finalmente dictó:

> Item mando toda mi hacienda *a puerta cerrada* a Antonia Quijano, mi sobrina. Es mi voluntad que si Antonia Quijano quisiera casarse se case con hombre de quien primero se haya hecho información que no sabe qué cosas sean libros de caballería; y caso que se averiguase que lo sabía y con todo eso mi sobrina quisiera casarse con él y se casare, pierda todo lo que le he mandado, lo cual puedan mis albaceas distribuir en obras pías, a su voluntad.

Auténtica institución de heredero. Y obsérvese que en prevención de la codicia de quienes pudieran invocar cualquier derecho sobre bienes concretos, el testador manda a su sobrina toda su hacienda "a puerta cerrada", es decir, con todos los bienes y derechos que comprenda a la fecha del fallecimiento y, particularmente, todo lo que haya en la casa de puertas hacia dentro sin más reserva que lo necesario para cumplir las mandas que tiene hechas, o sea, los legados a favor de Sancho Panza y el ama, amén de las obras pías y prevenciones del alma que pudieran estar previstas en la cabeza del testamento.

Por otra parte, se observan en esta institución hereditaria reminiscencias de autoritarismo e influencia de los males que le habían afligido, al establecer la condición de que el futuro esposo no sepa nada de libros de caballerías; condición que hoy sería nula por contraria a la libertad e infractora de derechos fundamentales de la persona.

Don Quijote quiere impedir a toda costa que el cónyuge de su sobrina y por ende esta misma sean víctimas de abandono de hacienda y parientes, de la deambulación febril e infructuosa por los campos de La Mancha, de la lucha desproporcionada frente a moles inertes contra las que el orate se rompe la crisma.

Don Quijote quiere librar a su sobrina y a su esposo de la inutilidad, del abandono, del cuerpo siempre molido y crujiente, de las risas de las gentes humildes pero malintencionadas, de la mofa grandilocuente aunque retorcida de los ilustres y poderosos. De todos estos males y miserias que él descubrió en el arrebato lúcido que precede a la muerte, en el último respiro de la libertad en el que, sin temor ya a represalias, el hombre expone su pensamiento acerca del bien y del mal, de la vida y de la muerte, al margen de retóricas, solo ante la eternidad.

Zaragoza, noviembre de 2010

19. JAFET DE LA MONTAÑA

Ahora que se ha publicado una ley de memoria histórica, puede resultar útil y oportuno el relato de aquella vida, primero azarosa y después contemplativa, de Jafet, perdedor que fue de la guerra y fugitivo permanente tras ella. Huyendo de la Guardia, que tantas veces le buscó sin encontrarle y persiguió sin alcanzarle.

Acorralado pero jamás aprehendido, Jafet no murió violentamente. Menudo y visceral, saltaba y se movía como un gamo en la penumbra y, con sus ojillos azules y ribeteados, oteaba el horizonte cual felino, silencioso y ágil.

Siempre daba esquinazo a la fuerza pública porque sabía burlar el rumbo con celeridad. Al igual que los pájaros y las serpientes, era capaz de encaramarse a la copa de una frondosa sabina o adentrarse en las grietas inverosímiles del roquedal, para no ser visto ni hallado.

Cuando por fin se desvaneció el rencor, se alejó la muerte y podía haber regresado definitivamente a su hogar, algo se adentró repentinamente en su cabeza; un impulso irresistible sacudió su cerebro y le trastocó.

Desde aquel momento, Jafet se convirtió en un anacoreta que, al igual que Simón El Estagirita, no necesitaba más que la luz del sol, la visión de la imponente montaña y el concierto sonoro de la fauna silvestre.

En este nuevo estado fue transcurriendo el tiempo. Jafet se levantaba con el alba y se acostaba al caer el sol, fiel al ritmo de la naturaleza. Normalmente se alimentaba de frutos secos, de las uvas e higos que recogía en otoño y de las aves y gazapos que, como experto cazador, atrapaba de los nidos y madrigueras; hasta entró de lleno en la exquisitez de las ancas de rana, batracio abundante en las balsas de aquel monte. Las espigas de trigo, los arañones, las setas silvestres, la miel…, todo ello contribuía a darle vida y vigor suficientes para su eremítica existencia.

No obstante, de vez en cuando bajaba hasta el poblado donde le daban zoquetes de pan, algunas patatas, arenques y manzanetas de granero, que llevaba consigo como suplemento dietético.

En la soledad de la montaña, Jafet recordaba su niñez y especialmente a su padre sentado en la cadiera e inclinado sobre La Biblia, explicándole los pasajes de la misma; de tal manera que, en su infancia, ya aprendió los más importantes episodios del Antiguo y del Nuevo Testamento. Jafet era, como dijeron algunos, un versado en Historia Sagrada, aunque de mayor alguien le hiciera cambiar de rumbo.

Jafet se sentía allá arriba cada vez mejor: más fuerte, más equilibrado, más comprensivo, más alegre. Hay que recordar que su esposa había fallecido varios años atrás, que sus dos hijas ya no le necesitaban porque habían formado, a su vez, sus propias familias.

En cuanto a sus tres nietos —mayores de catorce años— habían agotado la dedicación que les debía, pues en su momento les proporcionó todo lo que los abuelos pueden dar: además de cariño, ruches, tirachinas y pelotas de trapo para los juegos, propina cada domingo para que se compraran sidral, cacahuetes o martillos de caramelo rojo; llevándoles a los títeres y, una vez al año, a las vaquillas con empastre, además de contarles los cuentos de siempre, al anochecer, hasta verlos rendidos por el sueño en su regazo.

A pesar de la distancia y el alejamiento físico, todos ellos contaban con el amor y la ternura del esposo, del padre y del abuelo a un tiempo, cada día y en cualquier situación.

Pero todo el vecindario supo que Jafet habitaba en la montaña, en una casilla destartalada, construida antiguamente en lo alto de la loma, próxima al aljibe, lleno del agua de lluvia que descendía de la cima en arroyuelos cantarines, con olor a tomillo y yerbabuena.

Allí se cobijaba, lavaba levemente su cuerpo, se alimentaba frugalmente y aposentaba sus huesos sobre un camastro de paja. Cada amanecer salía a la puerta y, al unísono con los pájaros, festejaba el nuevo día cantando.

Con frecuencia, mantenía conversaciones con los pastores y campesinos que habían subido desde el llano para pastar sus rebaños o realizar labores en los escasos enclaves cultivables aprisionados entre las rocas. Todos sus interlocutores, al regresar al pueblo, coincidían al manifestar que Jafet presentaba cada vez mejor aspecto y daba más acertados consejos sobre la vida y la muerte. Lo contaban así en las tertulias del café, en las reuniones vecinales y en el seno familiar. Hasta que la fama de sabio y santo de Jafet se extendió por toda la comarca.

LAS GENTES, NECESITADAS DE MITOS, LO CONVIRTIERON ENSEGUIDA EN ORACULO MILAGRERO, coincidiendo con el alzado de un montículo de piedras y leña sobre el que Jafet se encaramaba cada tarde y permanecía varias horas sumido en invocaciones.

Las gentes acudían a la montaña para escucharle y confiarle sus penas y alegrías. Jafet contestaba siempre con frases lapidarias, algunas recordadas de aquéllas veladas en las que su padre le transmitía pasajes de La Biblia, acompañando las palabras con gestos y ademanes solemnes y misteriosos.

Solía decir, por ejemplo: *"Enterrad a vuestros muertos y ayudad a enterrar a los muertos de vuestros enemigos"*. *"Buscad el punto de unión de los mortales, por encima de odio y del rencor"*. *"Hay una patria común en la que únicamente debe imperar el amor"*. *"Apartaos del influjo de los paganos, que creían que la sangre era el asiento del alma"*. *"No seáis teóricos de los pobres ni aduladores de los ricos; dad a cada uno lo que merece y a todos el perdón"*.

Las circunstancias descritas hicieron recapacitar a las fuerzas vivas, las cuales llegaron a las conclusión de que se encontraban ante un caso excepcional, porque resultaba que Jafet, destacado por disidente y activista frente al poder emergente y definitivamente constituido; ácrata y anticlerical en su juventud y madurez; mil veces fugitivo..., cuando todo peligro se había disipado y le era permitido presumir de su azarosa vida anterior, *se apartaba del mundanal ruido, recluyéndose en la montaña con su soledad, atrayendo diariamente la atención de sus paisanos, mientras exhortaba a la tolerancia, al amor y al perdón.* SOLO FALTABA UN MILAGRO.

Y el milagro se cumplió porque fue tal la ternura, el desprendimiento, la alegría y la misericordia mostradas por Jafet, que el pueblo entero, todos sus habitantes de todas las edades, perdieron para siempre la memoria de aquellos anteriores días aciagos y turbulentos, sustituyéndola por el sentimiento del perdón, mientras Jafet —no supimos hasta cuándo— seguía en la montaña, como recién llegado del diluvio, al igual que su homónimo antecesor, tercer hijo de Noé al salir del arca y asistir amorosamente a su padre cuando éste se embriagó, frente a las burlas de su hermano Sem.

Desde entonces, en la montaña, difundida por el eco, a través de sus mallos y barrancos, una sola palabra se repetía incesantemente, salida de la garganta de Jafet: PERDON.

Maluenda, febrero de 2011

20. El dolor de lo evidente

Tanto y tan bien había oído hablar Nicéforo del próximo emporio de Los UNIBLACOS que, tras obtener confirmación en una de las ventanillas del Palacio autonómico, decidió repasar los extractos de sus cuentas bancarias, con el fin de calcular la cantidad de la que podía disponer y entregar al agente mediador para su inversión en aquélla empresa, la más importante de las establecidas en la Región.

De regreso a casa, cogió de nuevo el Diario y procedió a releer las excelencias que habían sido desgranadas por los representantes de la Administración Pública y de la empresa promotora.

Un personaje regional de primer orden, contestando al periodista, se expresaba con los tópicos y muletillas de siempre, en estos o parecidos términos:

> *Evidentemente* debemos *apostar* por este proyecto, que *de alguna manera* nos situará *cara* al *futuro* en una posición óptima dentro del *desarrollo sostenible* y de la creación de infraestructuras. En *evitación* del vacío legal, *pondremos encima de la mesa* una ley que regule este tipo de macrosuperficies *a*

nivel de la vertebración del territorio. Afrontaremos también *el reto* de la creación de puestos de trabajo, *poniendo en valor* nuestro patrimonio". *Desde ya*, nos disponemos a trabajar.

El promotor asentía y, a su vez, desgranaba una interminable sarta de datos, cifras, saludos y felicitaciones que corroboraban lo antedicho.

Nicéforo estaba emocionado, pensando en el altísimo rendimiento que obtendría de su inversión y en la colocación segura de su hijo Niceforito en alguno de los innumerables y flamantes establecimientos que se iban a levantar en el emporio. Y elevando su espíritu por encima de las cosas materiales, es decir, más allá del vil metal y de la simple subsistencia física, se dijo a sí mismo:

> *¡Qué maravilla: autovías de penetración rápida, fuentes de colores, letreros luminosos, hoteles, casinos, restaurantes, go-gós, gurús. El desierto convertido en oasis, el milagro de la luz, el hechizo del lujo y de la música, el señuelo del juego...!*

Pero fueron pasando los días, las semanas, los meses y aún los años sin que nada de lo prometido y soñado ocurriera. Por eso, Nicéforo, tras la decepción y la sensación de ridículo, entró en una profunda depresión. Había perdido la confianza en sí mismo y en los demás porque no era cierto nada de lo que le habían dicho. Mentían los políticos, mentía el promotor, le mintió también el agente mediador a quien había entregado el dinero a cambio de un puesto de trabajo para su hijo y un buen interés financiero.

Su familia y amigos coincidieron en reprocharle la actitud, a pesar de que todos ellos, en su momento, fueron también entusiastas de la idea. Particularmente, uno de sus viejos conocidos, socarrón impenitente, además de cantarle "el matarile", le incordiaba recordándole la lifara que los políticos habían organizado, con el dinero público por supuesto, para agasajar a los promotores de allendes tierras, en una brillante y multitudinaria bienvenida.

Nicéforo llegó a la conclusión de que aquella fiesta era vergonzante. Conocía también, porque se lo había explicado su vecino el jurista, que la ley promulgada para regular el supuesto emporio contravenía la Constitución porque no era una norma general y previa, sino particular y posterior, hecha a la carta y fruto de la ambición y prepotencia de los mandarines.

Como última expresión, antes de la pena infinita e indefinida que suponía el estado anímico por el que estaba atravesando, en un esfuerzo supremo Nicéforo quiso leer y leyó en voz alta, más bien gritó para sí mismo, para los concurrentes y para todo el mundo, el poema que tantas veces le había oído a mosén Juan, el párroco de La Bastonada.

Ese poema, que todos los niños de la zona sabían de memoria y tenían copiado en sus cuadernos escolares reza así:

> MIENTRAS ESTÉN FUNDIDOS CON LA TIERRA
> EL PASTOR, SU PERRO Y SU REBAÑO,
> NO BORRARÁN LAS HUELLLAS VUESTRAS
> NI EL SOL NI EL VIENTO NI EL ENGAÑO.
>
> SON VUESTROS LA ALIAGA, EL TOMILLO, LA SABINA,
> DE LA QUEBRADA ESPIGA VUESTRO ES EL GRANO,
> VUESTRAS LAS IMPÁVIDAS COLINAS,
> LA SOLEDAD, LA SED Y EL DESENGAÑO.
>
> VIEJO PASTOR, FILÒSOFO DEL AGRO,
> DE LA LUZ Y DE LA TIERRA AMANTE,
> CON TUS MANOS SECAS, SOLITARIO,
> ALZADAS AL VIENTO AHUYENTAS LAS SERPIENTES.
>
> SEGUIRÁS PISANDO ENTRE LOS SURCOS,
> APLASTANDO DE LAS MIESES SUS RASTROJOS,

Y CRUZANDO BARRANCOS Y LADERAS,
BUSCARÁS SIEMPRE LA YERBA CON TUS OJOS.

TUYA ES LA PAZ Y LA ESPERANZA,
NUEVAS SIEMPRE Y SIEMPRE RENOVADAS,
TUYO EL HORIZONTE Y EL SILENCIO.
QUE NACEN Y QUE MUEREN CON EL ALBA

Y Nícéforo, nada más acabar el poema, entró en una especie de éxtasis, mientras susurraba: ninguno se ha vuelto loco, ninguno loco; EVIDENTEMENTE, EVIDENtemente. EVIdentemente. Evidentemente...

Zaragoza, abril de 2011

21. EL PÍCARO TEÓFILO

La picaresca española no se agota con las andanzas y aventuras del Lazarillo de Tormes, de Guzmán de Alfarache y del Buscón Don Pablos, sino que ha brotado sin solución de continuidad en los siglos venideros hasta nuestros días, especialmente en épocas de dificultades económicas.

A mi parecer, los pícaros son el exponente de la indefensión frente a la adversidad, al autoritarismo y a la escasez. Por ello, cabe presumir un próximo recrudecimiento de la picaresca en estos momentos —verano del 2.011— habida cuenta del deterioro moral y material en que los planes familiares, financieros, sociales etc. elaborados por los que ejercen la política, nos han sumido.

Tengo el convencimiento de que los pícaros actúan movidos por un relativo estado de necesidad, en el que es posible se instalen a veces voluntariamente. Pero no son delincuentes, sino supervivientes que se balancean sobre un fondo de penuria e incultura; y ello es así, aun cuando su conducta, en el plano estrictamente teórico, merezca a veces más que un reproche moral la aplicación de penas leves de las establecidas en los códigos punitivos.

Podríamos calificar al pícaro como *defraudador mínimo* o *venial*, que muy poco tiene que ver con los *defraudadores máximos* o *mortales*, es decir, con aquéllas personas sin gracia ni donaire, cuyo poder e información privilegiados les permiten urdir estrategias de todo tipo con apariencia de legalidad para obtener pingües beneficios, sin la menor consideración a los demás.

Otra característica del pícaro es la adulación fácil, especie de servilismo transitorio cuya realidad no se extiende más allá de lo imprescindible para conseguir la dádiva.

Como denominador común con el pillo y el haragán, el pícaro desarrolla una especie de idolatría, que va desde la invocación a las alturas hasta la promesa de encomendar a Dios y a los Santos a quienes les escuchan, ceden y prestan el óbolo.

Pero después de estas breves consideraciones generales, hemos de incidir a título de ejemplo en un tipo humano determinado que arrastró su existencia durante el segundo tercio del siglo XX: concretamente Teófilo, más conocido por *Teo Ojos Tiernos*.

Teo Ojos Tiernos presumía de ser un español íntegro y era sin duda un hombre polifacético o —como el mismo decía— de oficios varios. Consumado artesano, no solo manejaba magistralmente las cañas, confeccionando cestos de la compra, cañizos para los tejados e instrumentos musicales, sino que tenía conocimientos y práctica acreditados de carpintero suplente.

El apelativo de *Ojos Tiernos* venía a cuento de que el hombre tenía un exceso de líquido y ribetes en ambos ojos, como consecuencia de una obstrucción crónica de los lacrimales. De tal manera, que daba la impresión de que lloraba continuamente.

Se cuenta que, aprovechando el nombre que se da al rajador de boj o carrasca que trocea la caña

126

longitudinalmente en tres o cuatro tiras, nombre que no es otro que LARAZON, Teo pretendió en cierta ocasión justificar el hecho de haber elevado amenazante dicho adminículo sobre la cabeza de una cliente pesada, alegando ante el Sr. Juez de Paz que él había actuado con LA RAZON. Naturalmente, fue condenado al pago de una multa por amenazas.

Por lo que a sus habilidades carpinteras respecta, baste decir que todas las cajas de enterramiento de los muertos habidos en la localidad las hacía Teo y no el Carpintero Mayor, dado el exceso de trabajo y responsabilidades de este último. *Teo Ojos Tiernos*, perfectamente consciente de la urgencia propia del sepelio, cortaba, ajustaba y clavaba las tablas de pino en pocas horas, no sin antes haber calculado las medidas del cadáver en disimulada observación mientras daba su sentido pésame a los deudos.

Después de ensamblada la madera, extendía sobre la misma la tela negra que se guardaba en un cajón de la carpintería para las ocasiones, claveteándola con precisión geométrica. Cuando por fin sujetaba el crucifijo sobre la tapa del ataúd, justamente en el centro de la misma sin marrarse un ápice, Teo se apartaba ceremoniosamente unos metros y, con aire de satisfacción por la obra bien hecha, se dirigía después a la puerta del establecimiento y respiraba hondamente.

Tal satisfacción le producía automáticamente sed, lo que le obligaba a buscar enseguida el jarro de vino tinto, adecuadamente guardado fuera del alcance de curiosos y extraños. A consecuencia de las numerosas y prolongadas libaciones, es de notar que nuestro personaje sufrió un severo quebranto de salud que le obligó a visitar al médico internista quien, entre otros paliativos, le recomendó que se abstuviera del vino o, a lo sumo, lo bebiera con regla. Y cuentan que desde entonces, cada vez que bebía, estuviera solo o en compañía de sus amigos, introducía en el jarro una regla de la carpintería, con lo cual —decía— cumplía fielmente la prescripción médica de *beber con regla*.

Tenía nuestro personaje mucha sorna, agudo ingenio y dotes histriónicas. Y así: cuando su hijo Juanito cumplió la edad de entrar en quintas, *Teo Ojos Tiernos* buscó la forma de librarle del servicio militar obligatorio, para lo cual era preciso acreditar enfermedad o defecto impeditivo grave del padre, que hiciera necesaria la asistencia habitual del hijo. A tales efectos, pronto se le ocurrió elevar la obstrucción bilateral de lacrimales, que padecía, a la categoría de semiceguera.

En este orden de cosas, Teo se procuró unos viejos anteojos de cristales oscuros y montura de alambre recubierto, y también un bastón tan rústico como resistente. De esta guisa y en compañía de su hijo, se presentó en el día y hora señalados ante los funcionarios de la Caja de Reclutamiento, donde se decidía si su estado de salud hacía o no necesaria la permanencia de Juanito a su lado.

Lástima que no pudiéramos presenciar todos a *Teo Ojos Tiernos* aquél día, con sus gafas negras, harapiento, golpeando el suelo y los muebles con el bastón, tropezando y dirigiéndose a la pared de la izquierda en lugar se situarse en el centro de la estancia, frente a quienes le iban a examinar. Se quitó dos veces aquéllas gafas inverosímiles, aparentando no ver apenas para que los demás vieran la ternura de sus ojos húmedos y enrojecidos. Se limpió otras dos veces las lágrimas con un pañuelo grisáceo y por fin gimoteó, lamentándose de su escasa visión y alabando a los señores militares de quienes pendía la decisión buscada.

Cuando el Presidente de la Mesa de Reclutamiento pronunció el nombre y apellidos de nuestro personaje, Teo, con aire humilde y resignado respondió: *para servir a Dios y a usted.* Siéntese y explíquenos cuáles son su profesión y sus dolencias, continuó el funcionario autoritariamente. Entonces fue cuando Teo, en un alarde de interpretación, explicó que se dedicaba a la caña y a la madera donde se emplean herramientas cortantes; que desgraciadamente no tenía apenas vista y por eso necesitaba que otra persona, con sus advertencias, le hiciera lo más peligroso.

Describió sencilla pero magistralmente el rajador de cañas o larazón, las sierras circulares, las gubias, los escoplos, los cepillos etc. Finalmente, hizo un amago de ponerse en pié sin el apoyo del bastón, aparentando perder el equilibrio, hasta lograr sentarse de nuevo en la silla, maniobras estas que levantaron en vilo a los concurrentes, entre ellos el escribiente, que sacudió involuntariamente la pluma recién mojada en el tintero, derramando parte de la tinta sobre el papel en el que estaba redactando el acta.

Pues bien, el hecho fue que, no solo por el informe oftalmológico, que al parecer no era del todo concluyente, sino especialmente también por la escenificación de la enfermedad, Juanito se libró de la mili, o sea, que se quedó en casa. Y Teo, una vez alejado de la Caja de Reclutamiento, tiró las gafas y el bastón al rio y comenzó a andar y anduvo perfectamente, sin obstáculo ni tropiezos ni remordimientos.

Zaragoza, julio de 2011

22. DOS FIGURAS PARENTALES PERDIDAS EN LA HISTORIA

L a búsqueda de datos y referencias en libros y documentos deriva con frecuencia en el descubrimiento de situaciones olvidadas, de realidades superadas que fueron engullidas por la evolución y que, no obstante, conviene extraer del olvido y ponerlas de manifiesto en cuanto constituyen antecedentes históricos siempre útiles frente a la inevitable confrontación con las preferencias de actualidad.

Algo así ocurre con las ancestrales figuras parentales de *profiliación* y *colactaneidad*, que a continuación paso a considerar.

La primera de esas fórmulas, que perduró hasta finales del siglo XI especialmente en el norte de la península, es la *profiliación*, especie de adopción realizada a través de complicado ritual consistente, fundamentalmente, en la simulación de un nacimiento.

La mujer profiliante pasaba al profilio por sus vestidos, haciéndole aparecer como si lo hubiera dado a luz; y desde entonces, el adoptado quedaba equiparado a los consanguíneos en los derechos hereditarios.

Por la Crónica Najerense sabemos, por ejemplo, que Ramiro, hijo del rey Sancho El Mayor de Navarra y de una mujer llamada Aibar, defendió a la reina Muniadona, esposa de su padre, acusada de adulterio por su propio hijo: García. Y que probando en buena lid judicial que la acusación no era cierta libró de la infamia a la reina quien, no solo maldijo a su hijo García, sino que recibió a Ramiro dentro de sus vestidos ante la Curia regia, lo sacó de debajo de sus ropas como si lo pariera y lo adoptó e hizo que tuviera una porción del Reino.

En la versión que reproduce don Ramón Menéndez Pidal en su obra "La Leyenda de los Infantes de Lara", se describe esta ceremonia de profiliación de Ramiro del siguiente modo:

> La reina se presentó ante el rey con el traje ritual de adopción, deshereda a su hijo García de sus arras y de las tierras de Aragón y Castilla que eran suyas y, llamando a Ramiro, después de manifestarle que lo tomaba como hijo y heredero por todo siempre en todo el Reino de Aragón, lo tomó y lo metió por una manga de piel y lo sacó por la otra según era costumbre en aquel tiempo de tomar los hijos adoptivos.

Sobre las características del vestido ritual me remito a la descripción que del mismo se hace en el Fuero Viejo de Castilla: una piel de albortones que sea grande y muy larga, tan larga que pueda un caballero armado entrar por una manga y salir por la otra.

No cabe duda que la descripción y el relato parecen, como hoy diríamos, de ciencia ficción, pero también en la Edad Media o quizás en esa etapa histórica precisamente, fue cuando más se fabuló. Los castillos, palacios y muchas casas habitadas estaban llenas de fantasmas o tenían escondidos seres encantados o duendes, algunos de los cuales penetraban por las noches por las chimeneas y, aun cuando se hacían invisibles, chillaban o blasfemaban.

Las brujas volaban en las noches oscuras y el fragor de sus aquelarres se podía escuchar en dos leguas a la redonda. Sus gritos y silbidos atemorizaban a los niños, que se escondían debajo de las sillas y de la mesa. Únicamente el abuelo permanecía impávido, aunque tenso, aguzando sus sentidos. El olor a chamusquina penetraba al fin en las estancia y hacía llorar y gemir a los vecinos.

No nos puede extrañar por tanto que la inconmensurable fantasía popular alzara a la categoría de verdad aquél maravilloso vestido de tan profundas esencias maternales, capaz —como se ha dicho— de acoger a un caballero en tránsito hacia la filiación.

Pero al margen de lo pintoresco de la ceremonia y vestimenta, es lo cierto que la profiliación encerraba unas veces el agradecimiento por una conducta y otras veces perseguía la necesaria ayuda y compañía, pero su finalidad más frecuente fue de naturaleza económico-política, como puede apreciarse en los cartularios procedentes de los Reinos Astur-Leonés, de Aragón y de Navarra. A través de la profiliación se transmitían los bienes, haciendo donación de la herencia o de parte de ella; y a la vez se constituía al donatario o profiliado en hijo adoptivo del donante.

Con frecuencia, además, la profiliación contenía determinados deberes a cargo del profiliado, de tal manera que este quedaba obligado a prestaciones de carácter político o militar. En ocasiones, se establecía incluso una especie de derecho de reversión a favor del donante, quien volvía a ostentar la propiedad de lo donado en el supuesto caso de que el profiliado o donatario premuriera *mañero*, es decir, sin descendencia.

La segunda de estas figuras, a la que yo me refiero como pequeño milagro de la vida, es la *colactaneidad*, es decir, la situación y parentesco que nacen del hecho de la lactancia prodigada a un niño recién nacido por mujer que no es su madre biológica.

Vieja institución más apreciada por los musulmanes que por los cristianos, en cuya virtud la mujer lactante transmite al amamantado, además de salud y vida, sus propias relaciones parentales y las de su esposo.

En el derecho musulmán tradicional, la colactaneidad se equipara en muchos aspectos al parentesco por consanguinidad, hasta el extremo de constituir impedimento para contraer matrimonio.

Y si es cierto que el derecho europeo no ha otorgada efectos jurídicos a este tipo de relación, no por ello las gentes han sido ajenas a la estimación del fenómeno de la alimentación por matrona cuando la madre que le dio a luz carecía de capacidad lactante.

Desde hace décadas, la colactaneidad es algo inexistente por mor de la ciencia, que ha sido capaz de elaborar sustancias con propiedades equivalentes a las de la lecha materna. Para bien o para mal se ha dado al traste con aquella entrañable figura de la nodriza o ama de leche, transmisora entre otros afectos de un vínculo colateral entre el hijo biológico y el niño que compartió la misma fuente de vida, convirtiéndose ambos en hermanos de leche.

A diferencia del ama seca, también llamada ama de llaves, encargada entre otras cosas de mantener el orden entre la prole y a quien los niños temían por su rigor y disciplina, el ama de leche conseguía concitar el alborozo, las risas y los juegos en su derredor.

Meditando un poco, cabe pensar en la existencia de una

comunicación recóndita entre los seres, ordenada a mantener la naturaleza y sostener la vida. Como una corriente que impulsa a los hombres y a los animales, ya desde su creación, al esfuerzo salvador de todos los habitantes de la tierra, siquiera, a veces, la vida de unos requiera sacrificar la vida de otros para conseguir el llamado equilibrio de las especies.

En este sentido, podemos remontarnos a la mitología grecorromana, donde aparece como una continuación de la leyenda de Troya la expedición de un grupo de troyanos conducidos por Eneas, que llegan a la desembocadura del Tíber y allí, andando el tiempo, nacen los gemelos Rómulo —fundador de Roma— y Remo, a quienes la maldad abandona a las orillas del rio y son salvados por una loba que los amamanta y calienta con su cuerpo hasta que son recogidos por los pastores.

Mas, regresando a la historia, encontramos multitud de casos en los que de forma patente aflora el sentimiento materno-filial derivado de la colactaneidad; entre ellos el siguiente:

Soy testigo de referencia (testigos presenciales fueron dos de mis compañeros) de lo sucedido una mañana en las dependencias de un Juzgado. Se encontraban las partes litigantes y sus respectivos abogados en los prolegómenos de una diligencia ante el Sr. Secretario judicial cuando, de pronto, se abrió la puerta y aparecieron en el umbral el Agente y apoyada en sus espaldas la exuberante humanidad de una señora que pretendía entrar a toda costa en busca del Sr. Juez, a quien había amamantado en su tierna infancia. Aquella matrona, recién llegada a la ciudad, no admitía esperas ni consentía obstáculo alguno por muy procesal que fuera para llegar hasta donde se encontrara su ahijado.

El Juez, que se había percatado de la presencia y exigencias de Marcela —así se llamaba la buena señora— entró en la estancia pálido y nervioso, esbozando una sonrisa, como pidiendo disculpas a los concurrentes. Al verlo, Marcela se abalanzó hacia él. Pero antes de abrazarle como se abraza a un hijo verdadero, Marcela golpeó ostensiblemente sus senos con ambas manos a la vez que exclamaba: ¡Estas, estas tetas te salvaron y por eso te hiciste un hombre fuerte y listo!

Inmediatamente todos los asistentes abandonaron la oficina, dejando solos con sus cariños y sus recuerdos al Sr. Juez y a su nodriza. Ya fuera, el Sr. Secretario levantó acta haciendo constar la suspensión del trámite y el nuevo señalamiento que, lógicamente, S.Sª firmó después de buen grado.

Jaca, septiembre de 2011

23. LA CASA LUGAR

ntes de que surgiera la Administración Autonómica; antes de que el Estado y los gobiernos regionales se atribuyeran la mayor parte de las competencias inherentes al mantenimiento y desarrollo de la convivencia colectiva; antes de la multiplicación de funcionarios y de la triplicación de competencias, el MUNICIPIO era el centro y guía, la principal referencia de las gentes.

Hasta hace no muchos años, la sede de los municipios aragoneses se conocía popularmente como CASA LUGAR. Sabia expresión porque allí era donde, invariablemente, acudían los vecinos, sin distinción de ningún género, para todos sus menesteres: para plantear sus problemas de vecindad; para manifestar los acontecimientos familiares; para solicitar la intervención arbitral o el consejo; para presentar las quejas; para solicitar información; para impetrar justicia y, en fin, para acreditar el cumplimiento de sus obligaciones, nacidas de la ley y de la costumbre y que tal cumplimiento creara la debida constancia de buena vecindad.

Decir CASA LUGAR era decir la casa de todos, como un hogar común donde cada vecino percibía el aliento de los demás y proporcionaba sus propias vivencias. Allí se hablaba no solo de las cosechas del campo, de los productos del ganado, del carbón de las minas o de los molinos, sino también del nacimiento de los niños, de las hazañas de los jóvenes y de las enfermedades de los abuelos.

En la CASA LUGAR se organizaban las zofras[5], las romerías a la Ermita y el baile de la plaza en las fiestas mayores,. Y se repasaban y ajustaban los cantos y las cuentas de las cofradías, se contaban las suertes del riego[6], se decidía la plantada de Mayo y se organizaban las rondas.

Sobre todo las rondas, exaltación itinerante de los valores populares, en las que los jóvenes mostraban o disimulaban sus amores pasajeros y, a veces, expresaban sus auténticos quereres. Rondas para cantarle a la luna y a los luceros, a los cabellos rubios y a los ojos negros, siempre para resaltar la belleza de las mujeres o para arrojar del cuerpo un dolor moral.

Y es cierto que se producía cierta confusión entre quién debía actuar y ante quién se debía acudir en cada asunto: Alcalde o Juez; y no solo por el uso conjunto de las mismas dependencias dentro de la CASA LUGAR, sino porque

---

[5] *Zofra*. Tributo consistente en la prestación personal de todos los cabeza de familia del municipio, que se exigía para adecentar las calles, plazas, edificios etc. con motivo de las fiestas patronales o de la llegada de comitivas de autoridades o jerarquías. *Hacer zofra* era trabajar para el común o vecinal en obras de limpieza, restauración o construcción.

[6] *Suertes. Contar las suertes* era distribuir en las veinticuatro horas del día el agua de riego entre los agricultores de una *partida* o *paraje*, proporcionalmente a la superficie cultivada, cuando el caudal era escaso o insuficiente. El empleo del término tiene estrecha relación con las horas en que cada regante debía recibir el agua del predio colindante anterior y dejarla al regante del predio colindante posterior.

nadie había explicado a las buenas gentes la diferencia entre la gestión administrativa y el ejercicio jurisdiccional, predominando en la conciencia colectiva la idea de que la justicia es una y única y se resume en el reconocimiento de la honradez y la defensa frente al malhechor, a quien se debía perseguir y castigar, sea cualquiera la autoridad que lo llevara a cabo.

Entre los medios empleados en el desarrollo de la estrecha colaboración existente entre Ayuntamiento y Juzgado de Paz, destacaban los cutrichiles ubicados en el sótano o en la planta baja del inmueble, habitáculos estrechos, lóbregos y generalmente húmedos, de cuyo mantenimiento estaba encargado el alguacil, los cuales servían de calabozo para la retención transitoria de maleantes sorprendidos *in fraganti*, hasta que se hiciera cargo de ellos la Guardia Civil. Estaba entonces en vigor la Ley de Vagos y Maleantes, felizmente derogada, a cuyo tenor, todo el que no trabajaba o no tenía una ocupación habitual y justificada, era considerado un malhechor.

Existía un notable parangón entre esta concepción de la CASA LUGAR, como ente político, y el concepto social y asimismo realidad histórica de *la Casa* en el derecho aragonés, a la que se refería en términos poéticos don Juan Moneva y Puyol, y definía jurídicamente don Luis Martín-Ballesteros Costea.

El primero de estos jurisconsultos decía que la Casa aragonesa *"era el hogar labrado por el amor, del cual el amor no quiere salir porque, llenándolo, se encuentra en sus dominios"*. Para el segundo, la Casa aragonesa *"es la unidad familiar y patrimonial formada por un conjunto de individuos, que viven en un espacio delimitado por una unidad económica de explotación, sustentándose de unos mismos bienes que han sido recibidos por tradición de generaciones anteriores..."*

Denominador común de ambas instituciones es la existencia de un soporte de derechos y deberes, preestablecidos por ley o por costumbre, en el que confluyen las familias y las personas bajo la finalidad común de conservar el patrimonio espiritual y material del ente: municipio o familia.

La CASA LUGAR pasó después a llamarse *Ayuntamiento*, término etimológicamente equivalente en cuanto significa también sitio de encuentro, gentes que se juntan, que se reúnen. Pero desde el punto de vista orgánico y funcional, la primitiva y entrañable CASA LUGAR cambió por completo su estructura y su sistema, convirtiéndose en oficina deshumanizada en la que imperan los impresos para todo, el saludo apresurado y distante y el "guarden fila, por favor".

Ahora, en el Ayuntamiento o Casa Consistorial, ya no se oyen las risas de los niños de la escuela que estaba emplazada en el ático, ni los sollozos de los deudos y correlativos comentarios sentimentales de los múnicipes. No se escuchan tampoco las anécdotas de los más socarrones del lugar, que divertían al Alcalde y al escribiente; ni se siente el alborozo de los jóvenes que depositaban allí las monedas necesarias para pagar los fastos del Mayo y los festejos patronales, incluidos los derechos económicos del predicador que, cada año, se contrataba para que proclamara la elegía del Santo Patrón en la Misa Mayor y a quien se pagaba una cantidad directamente proporcional al número de veces que, a lo largo de la sermón, pronunciara el nombre del Santo.

La CASA LUGAR no volvió a ser arranque y final de las rondas. No se guardaron por lo tanto en ella las guitarras, los laudes, las flautas y tamboriles. Desde entonces, no se le ocurrió a nadie cantar en las rondas jotas alusivas al Regidor, al estado de las calles, al funcionamiento de las farolas, a la frecuencia del ómnibus de la estación, ni tampoco a la señora e hijas de las autoridades.

Zaragoza, enero de 2012

24. Artífices de mendigos

Naguib Mahfuz, premio Nobel de literatura en 1988, describe en su libro *El Callejón de los Milagros* un mísero cuartucho en El Cairo, con acceso por minúscula puerta al fondo del callejón, que como única ventilación tenía un ventanuco recayente a patio interior. Cerca del ventanuco, sobre repisa de madera, se apoyaba una lámpara que esparcía su tenue luz sobre el suelo de tierra apisonada, lleno de desperdicios de todo tipo. Alrededor de la lámpara había botellas de distintos colores y tamaños, varios utensilios metálicos y un montón de vendas.

Acurrucado en el suelo, un hombre de avanzada edad al que se conocía con el nombre de Zaida. Curiosa humanidad que, al incorporarse, mostraba un cuerpo delgado y negro del que colgaba un blusón de color indefinido desde la cabeza a los pies; en las dos aberturas superiores, el blanco de sus ojos brillaba de forma inquietante.

Nadie entre el común de los mortales se acordaba de Zaida, excepto los padres de familia del barrio cuando querían atemorizar a sus niños y los aspirantes a mendigos que acudían al atardecer para someterse a sus milagrosas prácticas. Porque Zaida era un especialista en la fabricación de lisiados y su misión consistía en crear la secuela más adecuada a las aspiraciones de los clientes quienes, aunque paupérrimos, entraban en aquel cuartucho en un estado físico aceptable y salían mancos, cojos, jorobados o incluso ciegos.

Zaida había trabajado varios años en un circo de fieras ambulante y adquirido gran habilidad para la amputación y para ocasionar deterioros físicos inminentes en los cuerpos de los desgraciados que acudían en su ayuda.

Por mor de la incapacidad económica de sus clientes, su contacto con éstos no se acababa con la intervención corporal, sino que se prolongaba indefinidamente. Y así, cada noche, salía del cuartucho y lentamente se dirigía a la Mezquita y calles adyacentes donde se alineaban los mendigos, quienes alzaban su mano hasta las manos de Zaida y depositaban en estas una o varias monedas, según el resultado que durante el día hubieran obtenido del ejercicio de la mendicidad. A todos ellos preguntaba por su lesión: qué tal la ceguera, cómo te sienta andar cojo etc., y todos le contestaban: muy bien, gracias a Alá.

Ciertamente, el relato de Mahfuz resulta hiperbólico y novelesco, aunque si bien se mira no está tan alejado de la realidad en determinadas situaciones en este Occidente de nuestros pesares.

Actualmente, la mayor similitud con la escena del escritor árabe podemos encontrarla en la mendicidad callejera urbana. Cada mañana o cada tarde vemos a las mismas personas arrastrar su humanidad por las mismas esquinas, ante las mismas entradas de los supermercados o en las mismas puertas de las iglesias y sedes institucionales. Todos ellos muestran algún vestigio de grave enfermedad o accidente, a veces la consecuencia de una vida azarosa de hambre y vicio. Como los mendigos manipulados por Zaida elevan también su mano, pero no para entregar sino para pedir una moneda.

Recuerdan aquélla Ordenanza mendicativa que existió y fue observada en nuestra España peregrina durante los siglos XVI y XVII. Allí se establecía, entre otras cosas, que en las puertas de las iglesias y estaciones se respetara la antigüedad de la posesión en el puesto, sin que el mendigo titular del mismo pudiera ser importunado, a no ser que incorporara al lugar perro o perros de los que bailan y saltan el aro, actividad que se consideraba incompatible con la mendicidad, ya que existían marcadas diferencias entre los auténticos mendigos y los ciegos rezadores, los saltimbanquis, los soldados viejos escapados del presidio y los cautivos liberados.

Tan inefable Ordenanza, tácitamente admitida, finalizaba con una sabia recomendación, pues disponía que ningún mendigo dejara a sus hijos aprender oficio ni servir a un amo porque así se ganaba poco y se trabajaba mucho.

Las fórmulas petitorias de los mendigos de hoy son diversas, aunque alejadas de las jaculatorias tradicionales usadas en la España de la postguerra, cuando la Religión y el Estado caminaban en el mismo sentido y con idéntico ideario vital. Y ninguno de ellos, cuando son preguntados por su estado de salud, invocan el nombre de Dios. Es una mendicidad laica, acorde con los tiempos, que funciona como una empresa o federación de empresas, con reparto de puestos y horarios establecidos, inquebrantables para evitar represalias.

Pero reconozcamos que en épocas anteriores, la mendicidad ofrecía su "encanto" porque, a pesar del influjo de la amenaza, la detención y el castigo, se desarrollaba con plena libertad deambulatoria, sin límites de espacio ni tiempo. Mendicidad malvivida sí pero a través de campos abiertos y horizontes ilimitados, mendicidad de carromatos, de lumbres y de rasos firmamentos estrellados. Mendicidad que arribaba a la ciudad de vez en cuando para aquietar los ánimos del perseguidor y mezclase con la farándula, para exhibir el títere de la trompeta oxidada, el tambor despanzurrado y la cabra hambrienta. Mendicidad, en suma, que terminaba con la obligada adulación al respetable tras la sintonía final, antes de pasar alrededor de la plaza el platillo de viejo latón.

Coincidiendo en el tiempo con esta última, hubo otra mendicidad más recatada y dolorosa, una mendicidad recóndita, unipersonal y solitaria, que aporreaba temerosamente las puertas en el nombre de Dios.

Artífice de estas mendicidades, salvo la gestada por Zaida en el Egipto milenario, es por acción u omisión el Estado, con sus leyes inquisitoriales o de proscripción de determinadas etnias y con el interés en mantener estas capas sociales bajo su control, para que no se superen y puedan ser dominadas, para que permanezcan en actitud moral de reverente temor. Existencia vigilada pero útil.

Frente a estas realidades, hay afortunadamente otras dos de signo positivo. En primer lugar la existencia de organizaciones privadas que, ajenas a ese interés público contaminado y alejadas de ideologías políticas, hacen frente a la mendicidad y a la pobreza, con valentía, involucrando en esa lucha a muchas personas que prestan su esfuerzo voluntaria y gratuitamente, en aras del mantenimiento físico y de la dignidad de los pobres y mendigos. Estas organizaciones y voluntarios del amor al prójimo son también artífices, no de lacras sino de salud y consuelo.

Y, en segundo lugar, el convencimiento de que aun hoy merece la pena apostar por los mendigos y aborrecer a sus artífices. En definitiva, no hay apenas entre los mendigos ladrones ni traidores. Normalmente son personas pacíficas, como derrotados absolutos que son. Con frecuencia, en cambio, ofrecen al viandante la sonrisa inofensiva del alcohol negro barato y no albergan odio ni rencor. Suelen ser la Conformidad plena frente a la vida, lo que quizás les proporcione mayor grado de felicidad que a los demás mortales.

Ah!, y como escribió hace poco un periodista: *busquemos en otra parte a los ladrones.*

Zaragoza, julio de 2012

El P. Settimi con Galileo. César Cantagalli.
Instituto de Bellas Artes. Siena

25. La Ciencia y la Pedagogía frente a la Inquisición. Galileo Galilei y José de Calasanz

En febrero de 1564 nace en la ciudad italiana de Pisa Galileo Galilei, siete años antes de que lo hiciera en Peralta de la Sal José de Calasanz.

En el campo de la mecánica Galileo Galilei descubre el isocronismo de las oscilaciones pendulares, después de haber observado durante los Oficios religiosos a los que asistía asiduamente, los movimientos de aquélla lámpara dorada y refulgente que pendía de una cúpula de la catedral.

Hizo nuestro personaje varios descubrimientos, pero ahora nos interesa destacar, en el terreno de la astronomía, su enfrentamiento con el saber y el poder constituidos cuando, partiendo de las teorías de su contemporáneo Kepler, se manifiesta defensor del sistema heliocéntrico o copernicano, conforme al cual los planetas giran alrededor del Sol, en contra de la interpretación geocéntrica oficialmente proclamada de que era el Sol el que giraba alrededor de los planetas. Esta última tesis se fundamentaba, principalmente, en el pasaje de la Sagrada Escritura en el que Josué ordena al Sol detenerse.

Sobre este particular debemos recordar que cuando Josué, sucesor de Moisés en el éxodo hacia la tierra prometida, se encontró sitiado en la ciudad de Gabaón, habló al Señor y dijo delante de los hijos de Israel: *Sol detente sobre Gabaón, y Luna sobre el valle de Ayalón*; y pararon el Sol y la Luna hasta que el pueblo derrotó a sus enemigos. El Sol pues se paró en medio del cielo y no se apresuró a ponerse por espacio de un día. Y no hubo antes ni después día tan largo.

Cuando Galileo lanza su teoría, aquéllas palabras del Libro sagrado pronunciadas por Josué tenían un significado de total universalidad tanto en el ámbito religioso como en el científico. Con arreglo a la conciencia dogmática de entonces, era pues indiscutible para las gentes de todas clases sociales que el Sol había interrumpido su giro alrededor de la tierra.

Con su teoría heliocéntrica, Galileo vino pues a chocar con la intolerancia del poder imperante, especialmente con la Iglesia. Así, cuando en el año 1616 es promulgado un Decreto por el cual se declara erróneo el heliocentrismo, el Papa ordena a Galileo Galilei renegar de su tesis y comprometerse a no defenderla en lo sucesivo. Y aun cuando las presiones del momento le llevan a retractarse públicamente, sus inquietudes y convicciones le impulsan a reincidir, lo que realmente ocurre a través de la publicación, en el año 1632, de su libro intitulado "Diálogo sobre los sistemas máximos", donde insiste en que es la tierra la que gira alrededor del Sol.

Este libro es la causa de que su autor sea llamado a Roma por la Inquisición y sometido a proceso bajo la acusación de sospecha grave de herejía. Galileo resulta condenado a cadena perpetua, pero esa pena se le conmuta por la de arresto domiciliario. Los ejemplares del libro son quemados y la sentencia leída públicamente en las Universidades. En consecuencia, Galileo Galilei fue confinado en su villa de Florencia, donde siguió trabajando y publicando hasta su muerte, ocurrida a los 78 años de edad, en 1642.

A lo largo del tiempo, aquél dictamen de los teólogos, previo al proceso inquisitorial, en el que se calificaba la tesis de Galileo como filosóficamente absurda y fuertemente herética, fue cediendo paulatinamente; y se abrió una nueva doctrina en cuya virtud los textos de la Biblia debían interpretarse en cada caso según el tipo de cuestiones de que se trate.

El conflicto hizo sufrir a Galileo, pero no lesionó sino que favoreció el desarrollo científico. La única perjudicada, en suma, fue la Iglesia, que tardó demasiados años en reconocer su error, concretamente hasta el Concilio Vaticano II donde se deploró expresamente aquél proceso del Santo Oficio contra nuestro sabio; haciéndolo también años más tarde el Papa Juan Pablo II.

José de Calasanz, fundador de la Escuela Pía, contemporáneo y amigo de Galileo Galilei, no necesitó en cambio que transcurriera el tiempo para ofrecer a este, consuelo, apoyo psicológico y ayuda, convencido como estaba de la autenticidad de su ciencia y de las virtudes que atesoraba.

José de Calasanz pretendió siempre unas escuelas no solo gratuitas y universales en las que se proporcionara a los niños educación integral, sin distinción de clases sociales ni de razas, sino también unas escuelas en las que, además de la formación humanística, se impartieran y aprendieran las ciencias, especialmente las matemáticas, que entendía necesarias en lo sucesivo para los trabajos y actividades que la sociedad requería.

La caridad, la apertura de espíritu y su intuición, hicieron posible que, con desprecio del peligro que suponía la relación con un proscrito de la Inquisición, el gran pedagogo de Peralta de la Sal animara a sus religiosos de Florencia y de otras procedencias para que recibieran las enseñanzas de Galileo, que este les impartió durante su destierro. De tal manera que los religiosos escolapios llegan a formar un grupo de alumnos de Galileo, conocido como el grupo de Florencia, en torno a la figura y magisterio del sabio de Pisa.

Indirectamente pues, la pedagogía desafía también a la Inquisición de la mano del peraltense, el gran educador de la Europa católica. Por encima de miramientos sociales y políticos, lo que realmente conmovía a impulsaba a José de Calasanz era la miserable situación en que vivían muchos niños romanos y su convencimiento de que la educación era el mejor medio de mejora moral y de reforma de las costumbres. Salvar a las personas de la indignidad por medio de la enseñanza, tarea apasionante para el pedagogo.

El deseo de atender a Galileo, ciego desde comienzos de 1633, movió al pedadogo a aceptar la petición del embajador de Florencia en Roma, para que se dejara pernoctar al P. Clemente Settini en casa de Galileo con el fin de prestar a este la necesaria ayuda. Por ello, escribía al Rector de la Escuelas Pías de Florencia, el 16 de abril de 1.639, una carta en la que puede leerse. "…y si acaso pide el señor Galileo que el P. Clemente se quede con él alguna noche, permítaselo y Dios quiera que sepa sacar mucho fruto…" Merece la pena recordar en este contexto, la escena plasmada por Cesar Cantagalli en un óleo que se guarda en la Academia de Bellas Artes de Siena, en el que se ve al joven escolapio Clemente Settini escuchando a su ciego y venerado maestro.

La defensa y la ayuda que los escolapios prestaron a Galileo, fue utilizada por quienes odiaban a Calasanz y su obra. El hecho concreto fue que el Fundador envió a Florencia al escolapio de nefasto recuerdo, P. Mario Sozzi, para que se integrara en el grupo de los discípulos de Galileo. Pero Mario Sozzi se sintió enseguida disminuido por sus propias carencias, en una comunidad tan matemáticamente ilustrada. Su reacción consistió en reunir secretamente cuanta información le fue posible y emplear después los subterfugios necesarios para tergiversar las relaciones de los escolapios florentinos con el sabio de Pisa.

Junto con el visitador Cherubini, engañaron al asesor de la Inquisición , Monseñor Albizzi, que gozaba de toda la confianza del Papa, y consiguieron que el día 8 de Agosto de 1642 los esbirros del Santo Oficio, bajo la dirección de su Jefe Barigelo, procedieran a acordonar la casa e iglesia de San Pantaleón y penetraran en la sacristía donde se encontraba José de Calasanz y algunos de sus colaboradores. Seguidamente llegó el asesor, preguntando quién era el P. General. Oída la contestación de Calasanz, gritó: "Sois prisionero del Santo Oficio".

Se mandó formar la comitiva de los detenidos, compuesta por José de Calasanz, sus tres asistentes y el secretario, a quienes se ordenó salir por la puerta grande de la iglesia para ir a la plaza de Pasquino y encaminarse al Santo Oficio. Los cinco, a pie, iban rodeados de esbirros y detrás el Asesor de la Inquisición con sus gentilhombres, en la carroza. Poco más de las once de la mañana, con el calor sofocante del ferragosto romano y sometidos a las miradas y gestos de extrañeza de los comerciantes, empleados y vecinos que les conocían, siguen obedientemente la ruta llamada de Los Colchoneros: Pasquino, Governo Vecchio, Bancos Nuevos, atravesando al fin el puente de Sant Angelo cuando el reflejo del sol en las aguas del Tíber encendían el aire, impidiendo ver el horizonte.

Fueron aproximadamente treinta minutos de camino por la calle de la amargura, que los detenidos soportaron con resignación. Una vez llegados al Santo Oficio, fueron recluidos en una sala del primer piso en espera de acontecimientos. José de Calasanz, que contaba a la sazón 85 años de edad, se quedó profundamente dormido durante la espera, que duró seis horas, hasta que se descubrió la falsedad de la causa inmediata de la acusación, que era haberle sido arrebatadas supuestamente al nefasto P. Mario por el General y sus asistentes, cartas y documentos del Santo Oficio.

Los cinco detenidos, tras un breve y sobreseído proceso, volvieron en carroza por el mismo trayecto que habían recorrido a pie, hasta San Pantaleón, su casa y lugar de trabajo y consuelo. Durante su estancia en el Santo Oficio, un personaje romano que había ido allí para sus asuntos, entró en la sala donde se encontraban los escolapios y vio a José de Calasanz, preguntando quién era aquél anciano tan venerable. Alguien le respondió que era el Fundador de las Escuelas Pías; y él, entonces, agregó: *No me canso de mirarle, la cara le resplandece como un sol.*

Zaragoza, septiembre 2012

26. Un testamento ante el párroco

En un atardecer de Noviembre, cuando los primeros fríos y los vientos arrinconaban a niños y ancianos en el fondo de las cadieras o en los vanos de los portalones, Casimiro, heraldo de la pequeña historia de aquel pueblo recostado en lo más profundo de Los Monegros, nos fue desgranando uno de los que él llamaba *sucedidos,* guardado en su memoria para la posteridad. El relato de Casimiro, desarrollado sobre la vieja tarima del despacho parroquial y con el Cura y yo mismo como oyentes, fue cuasi-literalmente como sigue:

> Eran otros tiempos, cuando nadie se volvía atrás ni traicionaba la palabra dada. Entonces podía hacerse testamento sin tener que ir al Notario porque el Notario caía lejos y la urgente necesidad se encontraba cerca. Bastaba la palabra de los presentes que hacían buena la del moribundo. Y sepa usted —continuaba Casimiro— que en cierta ocasión presencié un testamento ante el Cura, cuando don Zacarías, al que servía mi padre, cayó de repente al suelo, blanco como el papel de fumar y espumando por la boca. Me acuerdo que mi padre me mandó a avisar al médico y al párroco, mientras la señora de la casa llamaba desde el patio a un vecino que, junto con mi padre, hizo también de testigo. Aún tengo en la cabeza la voz ronca de don Zacarías, diciéndole al párroco, en nuestra presencia, que

dejaba todos sus bienes en disfrute y de por vida a su mujer, y que cuando esta lo tuviera a bien, los repartiera entre los tres hijos, tomando en cuenta: que el mayor había hecho la carrera de veterinaria, gastando más y trabajando menos en su soltería; que la chica era ya pureta y no parece que fuera a engarrucharse con ningún mozo; y que el más pequeño era labrador y tendría que administrar las fincas y recoger a su hermana como tiona de la Casa, lo mismo se casara que permaneciera mañero. Finalmente, después de una leve cavilación, don Casimiro, seco y amarillo como la caña de la doctrina, logró decir que dejaba como legado para el alma todas las monedas que estaban guardadas en la bolsa azul dentro del arcón de la sala.

Y Mosén Félix —sabe usted— apuntaba en su libreta todo cuanto estaba oyendo, aunque me pareció que escribía con letra más gorda lo de las monedas como legado del alma, o sea, para la iglesia parroquial. Al poco de terminar de hablar don Casimiro y de escribir el Cura en la libreta, don Casimiro se quedó sin movimiento y aun más pálido. Y según dijo el médico, se murió, lo que sucedió cuando estaba ya oscureciendo y lo único que se oía eran los sollozos del ama de casa y de las sirvientes.

Tres días más tarde acompañé también a mi padre en la ceremonia que llamaban de adveración, la cual se celebró ante el Juez y a las puertas de la iglesia, estando también presentes el vecino al que llamó el ama y el Secretario del Juzgado. Me chocó sobremanera que el párroco y los dos testigos pusieran las manos sobre los libros de los Evangelios y juraran que el escrito que acababa de leer Mosén Félix y que el Secretario del Juzgado pasó a sus papeles, era lo dicho por Don Zacarías antes de su muerte.

El relato de Casimiro contenía en realidad la definición y desarrollo del TESTAMENTO ANTE EL PARROCO, institución inmemorial del derecho foral aragonés que nuestro derecho propio contempló hasta la reforma operada por la Ley de Sucesiones de 24 de Febrero de 1999, en cuanto a la forma, aunque subsiste la fiducia sucesoria implícita en la disposición mortis causa de don Casimiro cuando le dice al párroco que "cuando su mujer lo tenga a bien reparta sus bienes entre los tres hijos..."

El testamento ante el Párroco o ante el Capellán en el caso de enfermos internados en el Hospital de Ntra. Señora de Gracia, ya se recogía en los Fueros y Observancias del Reino de Aragón, recopilados en el reinado de Jaime I El Conquistador por el Obispo de Huesca Vidal de Canellas y subsistió con pequeñas variantes de procedimiento en el Apéndice de 1.925 y en la Compilación de 1.967.

Es lógico que la normativa vigente no tome en consideración esta forma tan peculiar de otorgar testamento, una vez desaparecidas las dificultades y tardanzas del traslado de los fedatarios públicos al domicilio de los testadores, que constituían su razón de ser. Ahora bien, no por ello debemos olvidar las instituciones a las que el progreso ha superado, pero que en su día fueron eficaces y aun necesarias. La historia del derecho es la historia del desarrollo social de las personas y de las colectividades a las que sirve y donde se fundamenta. Hasta tal punto el legislador aragonés veló por la prueba de la voluntad testamentaria que, durante muchos años, prácticamente hasta la publicación del Apéndice Foral (1925), otorgó validez al testamento ante el Párroco cuando, en defecto de dos testigos y en el caso de testamento en despoblado, solo hubiera un testigo varón que contara al menos con siete años de edad, o —séame perdonada esta pequeña disquisición histórico legal— una mujer de buena fama.

Por otra parte, el testamento ante el Párroco siempre estuvo sometido a la urgencia en cuanto a su eficacia, ya que existía el peligro de que pudiera truncarse por el fallecimiento del Párroco o de los testigos antes de la adveración; y ello con independencia de que, en cualquier caso, los herederos ab-intestato desheredados o desfavorecidos pudieran redargüir el testamento de falso, lo que conducía a una nueva adveración con el mismo ritual, en la que se cuestionaba si todos los intervinientes se ratificaban en lo manifestado o, por el contrario, alguno o algunos de ellos lo contradecían en algún punto.

Pues bien, cuando nuestro amigo Casimiro hubo concluido su narración y Mosén Félix se consideró suficientemente instruido acerca de la cuestión para la que había solicitado mi criterio, salimos los tres a la calle para dirigirnos al lugar donde el Párroco había aparcado su utilitario con el que me iba a reintegrar a la ciudad. Antes de emprender la marcha, atravesamos una plazuela orlada de plátanos recién podados que, entre dos luces, asemejaban gigantes mutilados. Un poco más adelante podía observarse el leve resplandor del agua de la Salada, balsa vivificadora que recogía el agua de lluvia y suministraba bebida para el ganado durante todo el año. Las Saladas, hendiduras endorréicas donde se posan las miríadas de insectos de Los Monegros, algunos únicos en el mundo, y sobre las que baten las alas y mojan sus plumas multitud de pequeñas aves de ignota procedencia.

Las Saladas, a las que —según la leyenda profundamente arraigada en estos lugares— descienden el monstruo de blancos dientes y hocico oscuro para batir el agua ruidosamente con sus patas en las noches de tormenta, y el bandido Cucaracha en las noches serenas para saciar su sed, haciéndolo ambos con sigilo desde los recónditos covachones de estos Montes Negros en los que habitan.

Jaca, diciembre de 2012

27. Arzobispo de Zaragoza y sacristán de Juslibol

E l Obispado de Cesaraugusta debió fundarse en el siglo III. Entre sus primeros Obispos merecen especial mención: Valerio, designado cuando Hispania era una provincia romana, y Braulio y Tajón, ambos de la España visigótica.

Hasta el año 1378 no fue erigida la sede episcopal en sede metropolitana, como consecuencia de las negociaciones entre el Papa Juan XXII y Jaime de Aragón. Desde esa fecha el Arzobispo se convirtió en la primera autoridad del reino después del Rey. Además de la amplitud de su jurisdicción, poseía cuantiosas rentas y dominios que comprendían no solo Albalate del Arzobispo, sino también la encomienda mayor de Alcañiz de la Orden de Calatrava, el Priorato del Santo Sepulcro de Aragón, las encomiendas de las Abadías de Rueda, Montearagón etc.

Fue el Arzobispo el primer señor territorial del reino, incluso en algunos casos con vasallos y un pequeño ejército conocido popularmente como "Caballería del Arzobispo" a la que se refiere Jerónimo Zurita cuando relata cómo en el siglo XV los 200 rocines al mando directo del Arzobispo Don Juan de Aragón, hijo bastardo de Juan II, fueron la vanguardia de las tropas realistas al comienzo de la guerra catalana de los Diez años (1462-1472), que acabó con la capitulación de Barcelona, firmada por dicho Rey.

Por cierto, esta contienda, al margen de la relación con el Arzobispo de Zaragoza, reviste enorme importancia aunque haya sido escasamente considerada por los historiadores. En efecto, la guerra, o mejor dicho la victoria de las tropas reales empleadas en ella, supuso ya entonces la desaparición del escollo que dificultaba la unidad nacional, cuya iniciación había tenido lugar con el matrimonio de Isabel de Castilla y Fernando de Aragón.

Pero volviendo la relación Monarquía aragonesa-Iglesia, hay que decir que, en reconocimiento a los apoyos descritos y a otras ayudas anteriores de carácter político y militar, los reyes concedieron a los sucesivos Arzobispos de Zaragoza rentas y bienes –como se ha mencionado– adornando generalmente la concesión con ciertos Titulos eclesiásticos de gran dignidad para los que se establecían particulares liturgias y formalismos consustanciales con el propio Titulo.

Y así, unidos el Reino de Aragón y el Condado de Barcelona, en los inicios de la Corona de Aragón, Ramón Berenguer IV, casado con la hija de Ramiro II El Monje, donó al Arzobispo de Zaragoza, Don Pedro Torroja, la pardina de Miranda y Juslibol.

Cuando se produce esta donación, el rey era sin duda consciente de la importancia histórica y cultural de este enclave geográfico que se asoma blanco y gris erguido cual atalaya sobre el cauce de las aguas por las que, desde los tiempos más remotos, discurre la esencia de Iberia, que es decir de España. Las legiones romanas conquistadoras de Salduie, para convertirla en Cesaraugusta, tuvieron en Juslibol su asiento y allí permanecieron sigilosas, conteniendo su emoción de conquistadoras, en espera del momento propicio para atravesar el rio hacia la margen derecha y asaltar a la población indígena.

El Ebro y Juslibol. Ya sé que hubo un tiempo no muy lejano en el que el Ebro se alejó de este enclave en uno de esos movimientos que la naturaleza impone. Aunque afortunadamente no se fue del todo, o apenas si se fue, pues dejó un hermoso galacho donde quedaron depositadas sus esencias: la flora y la fauna autóctonas.

Al recibir el prelado estos dominios, recibió también el Titulo de SACRISTAN DE JUSLIBOL, que en contra de algunas teorías que pretendieron sustituir la historia y la tradición por la invención burlesca, usaron todos los sucesores en la sede metropolitana hasta la prelatura de Don Manuel María Gómez de las Rivas (años 1847-1857), quien declinó el Título y sus honores a pesar de la insistencia de los vecinos, dos de las cuales, Don Justo Sesé y Don Esteban Gómez le visitaron para determinar día y hora de la toma de posesión.

Para que las autoridades y el pueblo tomaran conciencia del señorío de tierras y rentas, así como de los honores propios del Título, se desarrollaban varias ceremonias relacionadas con las funciones propias de los sacristanes (administradores de los bienes de cabildos y parroquias), consistentes en que el Arzobispo, personalmente, abría y cerraba la puerta de la Iglesia, arreglaba la lámpara del altar del Sacramento, convocaba a los fieles a toque de campana, tirando para ello de la cuerda que colgaba desde la torre al atrio, y alumbraba con la palmatoria al párroco mientras este leía las oraciones de rúbrica.

Los parroquianos escuchaban con atención mientras miraban fijamente a su nuevo Sacristán, de quien se consideraban desde entonces discípulos preferidos y a quien, en adelante, solían ofrecer los frutos más selectos de sus cosechas.

Como un anexo al privilegio de Sacristán de Juslibol, existía desde el año 1477, en que lo mandó construir el rey Fernando El Católico para que viviera allí su hijo, el Arzobispo Don Alonso, un palacio que se empleó después como residencia veraniega de los Prelados zaragozanos hasta la época del Cardenal Soldevilla (asesinado el 4 de Junio de 1923); desde entonces, el palacio está convertido en casas de vecindad por haber sido vendido a un particular.

Pues bien, como colofón, yo exhorto a los habitantes de este simpático barrio zaragozano a que promuevan la resurrección del Titulo de Sacristán de Juslibol, exigiendo en lo sucesivo que cada Arzobispo de Zaragoza, antes incluso de la entrada en la Catedral de la ciudad, se traslade a Juslibol y, entre vítores y aplausos, se siga fielmente la liturgia inherente a la toma de posesión ; y por lo tanto: que el Arzobispo abra y cierre la puerta de la iglesia, tire de la cuerda para el toque de campana, arregle el altar del Sacramento y encienda una palmatoria para alumbrar al Párroco en la lectura de las plegarias.

Y como final de las ceremonias que el Arzobispo grite en la penumbra: DEUS LO VOL (Dios lo quiere) —que es el significado de Juslibol— a lo que el pueblo contestará VIVA NUESTRO SACRISTAN EL SR. ARZOBISPO. Y con toda seguridad que algún joven fervoroso e intrépido, ya en la plaza, cantará aquélla jota alusiva que ya cantó uno de sus antepasados en idéntica ocasión y que reza así:

Al Señor Arzobispo digo
Que por su celo y amor
Merece que lo hayamos hecho
Sacristán de Juslibol.

Zaragoza, marzo de 2013

28. Una nueva metamorfosis

Recuerdo aquélla situación en la que un Viejo y un Desocupado, que yo conocía, se sentaban frente al Sol, en una espera tediosa, sin contar el tiempo ni entablar conversación; matando las horas entre miradas de complicidad, como si las horas fueran animalitos dañinos acreedores de ser aplastados.

Nadie llamaba ni nadie importunaba al Viejo y al Desocupado. Solo alguna que otra mosca se posaba en sus rostros o en sus manos provocando movimientos de leve espanto apenas perceptibles. Se oía el murmullo de las hojas tocadas por la brisa y un pajarillo, de vez en cuando, aleteaba entre las ramas jugando al escondite con la sombra de los viandantes.

Era el trasunto de la paz, de lo que debía ser la gloria o, por lo menos, el limbo precursor. La calma, el equilibrio, los suaves chasquidos de la fauna y flora urbanas.

A la caída de la tarde, cuando el sol se escondía tras la cúpula, venía el movimiento sigiloso de retirada del Viejo y del Desocupado, que alzaban sus cuerpos con parsimonia, sin que apenas se notara, hasta que la sombra de la callejuela y el resto de los viandantes ocultaban sus figuras perdidas en la penumbra.

Así era la escena del carasol que yo conocí en la recoleta plazuela cerrada al tráfico rodado, con bancos de madera desteñida y aquel frontal que apresuraba la huida del astro rey.

La vida de estas dos personas se iba desgranando lentamente, con un ritmo cansino pero inexorable. Las horas no eran tales horas porque fenecían envueltas en sus sueños y los sueños superan a la materia, inutilizan el espacio y la distancia, transportándonos a una existencia nueva.

Solo el frío o el calor o el hambre hubieran sido capaces de conseguir una reacción vital, enérgica, de estos dos personajes; y tales sensaciones nunca se presentaron durante mi conocimiento.

Pero un día apareció el Viejo solo, y una curiosidad irresistible me llevó a preguntarle por el Desocupado. Está aquí, a mi lado, convertido en perro fiel –me contestó–. He tenido que recogerlo y cuidarlo –prosiguió– para que no pase hambre y habite bajo techo.

¿Cómo ha sido eso posible? –inquirí–. Y el Viejo del carasol, de los sueños y de la paz replicó: una metamorfosis, como ya ha ocurrido anteriormente a lo largo de la historia; léase a Ovidio y a Kafka y se comprenderá el fenómeno. La metamorfosis –añadió– es posible cuando el ser transmutado ha sufrido de forma continua y extraordinaria en su anterior estado, o cuando la maldición de los cielos y de los infiernos confluyen sobre él.

¿Cuál ha sido el caso?, volví a preguntar. Y el Viejo, moviendo primero la correa que sujetaba al perro que antes había sido un hombre desocupado, respondió: naturalmente el primero, o sea el sufrimiento constante y duradero de permanecer contra su voluntad sin trabajo, a pesar de intentar buscarlo cada mañana, sin conseguirlo.

Miré entonces al perro, observando con gran inquietud sus ojos inyectados y su respiración jadeante; y comprendí la fuerza de la causa, lamentando la suerte de ambos: la del Desocupado, sin trabajo y sin subsidio, por haberse convertido en perro y quedar a expensas de lo que el Viejo quisiera darle, y la del Viejo porque, además de su propio sustento, se veía obligado a sustentar al Desocupado.

Gracias –pensé– que al adquirir la forma y vitalidad de perro, resultaría menos gravoso. Al fin y a la postre, el Desocupado ya no iría a la taberna por las mañanas, ni a tomar café, copa y faria por las tardes. Tampoco sacaría lotería para el jueves y el sábado, ni rellenaría quinielas, ni fumaría pitillos "rubios", ni tendría que pagar la localidad los domingos futboleros, ni comprar el Marca, ni participar en las barbacoas carnívoras de "a escote y porte".

Al reflexionar más profundamente sobre este fenómeno metamorfósico, llegué por fin a comprender que las personas aptas para el trabajo a quienes les son clausuradas todas las puertas, llegan, en su inconmensurable frustración, a desear ardientemente una entidad distinta y liberadora que quiebre su desdicha; sin importarles el nuevo ser en que tengan que convertirse, siempre que este se diferencie y aleje de su actual existencia.

Ese ardoroso deseo parece ser el motor de la metamorfosis, preferible siempre –pienso– al suicidio, pues al fin y al cabo con la metamorfosis se conserva la vida.

Zaragoza, julio de 2013

29. Carta abierta a Cecile Kyenge y Christiane Taubira, ambas ministras de raza negra

Mi admirada Cecile, Ministro de Integración, de Italia: he leído que procede de una familia congoleña con 38 hijos y que su padre era católico aunque polígamo, fusión atípica de tradición y creencias. También ha llegado a mi conocimiento que una Universidad italiana le concedió una beca para estudiar medicina, su gran aspiración, aunque tal beca nunca llegó y se vio precisada por ello a entrar ilegalmente en Italia, donde fue acogida provisionalmente en un colegio de misioneras de Módena, trabajando como cuidadora de niños mientras estudiaba italiano y hasta que obtuvo la licenciatura en medicina por la Universidad Católica del Sagrado Corazón, de Roma; y que, tras numerosos desvelos, demoras administrativas y desengaños, logró la ciudadanía italiana pasados 15 años y gracias a su matrimonio con un italiano del que ha tenido dos hijas.

Me han contado que viene soportando con serenidad y paciencia numerosos ataques racistas, especialmente desde que fue nombrada Ministro de Integración; entre esos ataques y como más reciente y absurdo el insulto que le dirigió el vicepresidente del Senado italiano, quien la comparó con un orangután.

***

Mi admirada Christiane, Ministro de Justicia, de Francia:

He leído que nació en la Guayana francesa, donde fue diputada entre 1993 y 2012; que es diplomada en ciencias económicas y etnología afro-americana. Me consta que es profesora de ciencias económicas y autora de varios libros, entre ellos *Egalité pour les exclus*. Sé de su prestigio como oradora y de sus dotes pedagógicas; asimismo, que desde mayo de 2012 desempeña la cartera de Ministro de Justicia del gabinete francés.

Me han contado que en octubre último, una candidata política del Frente Popular la comparó con un mono; y que en la portada de la revista *Minute*, en referencia directa a Ud. incluyen la significativa frase "maligna como un mono, también encuentra su banana". Que ante tan repulsivos insultos, anunció que no emprendería acciones legales, siquiera el jefe de su gobierno haya solicitado al Fiscal que abra una investigación sobre la citada publicación.

***

Pues bien. Quienes hemos vivido la ilusión infantil de recaudar fondos para las misiones en África, con destino a la subsistencia y educación de los negritos; quienes hemos observado a través de la televisión el triunfo de los hombres y mujeres africanos en las competiciones olímpicas y la exhibición de su color con el orgullo de campeones; quienes hemos sentido social e intelectualmente . el renacer de ese Continente, bajo las figuras, entre otras, de Nelson Mandela, no podemos sino sentir aversión hacia los personajes que tan gravemente les ultrajaron.

Especialmente, desde el reciente fallecimiento de este último, cuyas exequias constituyeron universal y piadosa exaltación de un personaje que fue paradigma de valentía, integridad, amor al prójimo y capacidad de sufrimiento y de perdón. Las danzas telúricas de sus conciudadanos, expresión no solo de dolor por la pérdida sino también de orgullo y alegría de haber alumbrado un salvador de su dignidad, muestran que su raza ha alcanzado un alto grado de nobleza espiritual.

Nos duele el alma ante aquéllos exabruptos dirigidos contra quienes, por sus méritos y sacrificios, han sido capaces de llegar desde la inmigración hasta Ministros de los Gabinetes de Italia y Francia. Son ustedes, queridas Ministros, un feliz exponente del fenómeno de la *negritud*, del resurgir de una raza y de un Continente, con entidad y prestigio diferenciados, puestos ya de manifiesto y reivindicados desde el primer tercio del Siglo XX por el senegalés SEDAR SENGHOR, AIMÉ CESAIRE, de Martinica, y el guyanés LEON DAMAS, los cuales denunciaron la condición inaceptable del hombre negro humillado y explotado durante siglos.

Es la *negritud* un concepto que encierra la historia, cultura y costumbres propias de los negros, depositarios de unos valores que rebasan los límites geográficos de África: desde el tam-tam milenario que concita para la paz o llama a la guerra, pasando por el jazz y los blues, creaciones musicales de universal resonancia, hasta el orgullo de superar las marcas deportivas internacionales y evadirse de de la mordaza del apartheid. La *negritud* es pues danza, ritmo, elasticidad, orgullo y fortaleza. Pero sobre todo es un sentimiento de libertad y de identidad frente a la extinta esclavitud y a cualquier género de explotación y desconsideración racial, que a ustedes les embarga.

Y precisamente la dignidad, estimadas señoras, es la que avala su conducta de discreción y templanza frente a los insultos raciales (*si nadie que te hiera llega a hacerte la herida*....como dijo Kipling).

Finalmente, permítanme, en homenaje a sus cualidades y méritos y en desagravio por los infamantes insultos, que les recuerde unos versos de Sédar Senghord sobre la mujer africana:

> *Mujer negra, mujer oscura*
> *Gacela de ataduras celestes, las perlas son estrellas sobre la noche de tu piel.*
> *Delicias de los juegos del Espíritu, los reflejos de oro roen tu piel, que se atornasola.*
> *En la sombra de tu cabellera se ilumina mi angustia en los soles próximos de tus ojos.*
>
> *Mujer negra, mujer oscura*
> *Yo canto tu belleza que pasa, forma que fija en lo eterno, antes de que el destino celoso te reduzca a cenizas para alimentar las raíces de la vida.*

Zaragoza, octubre de 2013

30. EL ESPÍRITU DEL LUNES

Los lunes en la ciudad, leer el periódico, desayunar y hablar a la vez con el camarero, generalmente del balompié, resulta un ejercicio de prestidigitación buco-mental asombroso que, no obstante, dominamos a fuerza de premuras temporales y presiones anímicas, estimuladas por esa dosis de divertimento que hace efervescente el lunes como día más próximo a las competiciones deportivas y más alejado del interés por el quehacer de nuestra jornada laboral.

Lunes somnoliento, de amaneceres tardíos y tempranas divergencias. Lunes en que nadie está de acuerdo con su prójimo porque una misteriosa incomodidad nos arrastra hacia la pereza y la indiferencia, cuando no a la molicie. Como diría Cicerón, *post festum, pestum.*

Lunes en que alguien a nuestro lado descarga su mal humor y nos recuerda que estos tiempos son de *ochlocracia*, o sea de una democracia que no funciona como tal porque los poderes públicos están confundidos. Pero a nadie le apetece el lunes reflexionar acerca de de la influencia decisoria del Ejecutivo sobre los demás Poderes del Estado.

Habrá que esperar al martes, cuando ya hemos digerido los malos humores del día siguiente a la fiesta, para profundizar en el examen de tantos obstáculos y adversidades que han desprestigiado, cuando no arruinado, la realidad de España, este país otrora próspero y ahora invadido de oportunistas, tergiversadores y sobre todo de especuladores de riqueza e ideas, pero que, sin duda, ha de renacer con nuevos ímpetus.

Ya en el martes, despejada nuestra mente, caeremos en la cuenta de que, con ser gravísimo el despilfarro y la apropiación de lo público por quienes deberían administrar honradamente el patrimonio de todos los españoles, lo más pernicioso a medio y largo plazo es:

a) El adoctrinamiento de niños y jóvenes a quienes se falsea la historia (a veces hasta la geografía) y se imparten consignas alejadas del espíritu de sacrificio y de superación; subliminalmente, se acuñan conceptos equívocos, como excelencia, con los que se aspira a sustituir los auténticos valores.

b) La escasa formación intelectual de muchos políticos en los que tampoco anidan las virtudes que han de exigirse a quienes representan al pueblo y están obligados a velar por el interés general. Estas situaciones vienen siendo agravadas por la excesiva permanencia en el cargo, con el consiguiente peligro de abuso de poder. Conocemos múltiples ejemplos en los que no se sabe muy bien si los quinquenios obedecen a las medallas o si las medallas son fruto de los quinquenios.

c) La "noria permanente" de los políticos, Para eso se inventaron las empresas públicas, las fundaciones etc. con las consiguientes prebendas y sinecuras, tales como la concesión de sustanciosas pensiones sin tener en cuenta lo servido ni lo cotizado, lo cual supone un agravio, más bien un insulto comparativo para los demás españoles. Hoy acabas aquí, mañana comienzas allá y pasado mañana en otro cargo creado *ex novo* si fuera preciso. La cuestión es que sigas viviendo opíparamente dentro de la política y de por vida, única solución posible para quienes nunca han trabajado fuera de "la noria" ni serían capaces de hacerlo en el exterior de aparato.

d) La creación de abstrusos sistemas contables con los que preclaros economistas nos han privado de criterios de certidumbre y nos han precipitado en el caos numérico, especialmente a través de cuentas de nueva creación, como las denominadas transitorias, que no son sino subterfugios para movimientos de dinero irregulares u operaciones ficticias en el proceloso mundo de las obras públicas.

Pues bien, cuando seguidamente y por su curso natural se precipitan en nuestra memoria tantas estratagemas y tan numerosos casos de corrupción, que afectan a la práctica totalidad de las instituciones; abrumados ya, aun siendo martes, por el peso de las culpas ajenas, apartamos instintivamente de nosotros este cáliz, sin que seamos ya capaces de otra cosa que desear fervientemente la llegada del próximo lunes, día en que la costumbre nos ha hecho refractarios a la amargura y en el que podríamos decir que se produce el milagro de la ilusión rediviva.

La cuestión estriba ahora en dilucidar si nos movemos dentro del conocido milagro español, como resurgir sorprendente y salvador, ocurrido ya en ocasiones anteriores o, por el contrario, se tratará de un milagro supuesto o milagro de celuloide para incautos y desesperados; como aquél de la película de BERLANGA, "Los Jueves milagro", en la que las autoridades locales del pueblo Fuentecilla, con ánimo de atraer turistas y rehabilitar el viejo balneario, inventaron el trampantojo de que, cada jueves, en un hermoso paraje recostado en la montaña, entre el rio y la vía férrea, tras un resplandor surgido de súbito en el horizonte, aparecía la figura de San Dimas, (en realidad el actor Pepe Isbert) el buen ladrón del Gólgota, haciendo gestos grandilocuentes de paz y amor durante unos instantes, hasta desaparecer a la vez que se extinguía el resplandor.

El supuesto milagro no tuvo apenas efecto en el turismo local, pero sí en el ánimo de las gentes del lugar para quienes, tras la aparición de San Dimas a la hora fija señalada, regresaban a sus casas con la ilusión de haberse visto iluminados y se acostaban con la esperanza de asistir de nuevo al milagro de cada jueves.

Algo parecido sería deseable ahora para que los sacrificados empleados, funcionarios, profesionales y trabajadores de todas clases recuperaran la ilusión y no tuvieran que despedirse precipitadamente del camarero del Bar o Cafetería en el desayuno de los lunes; y menos caminar con gesto huraño, apesadumbrados y sin esperanza hacia el lugar de su trabajo. Desgraciadamente, nos falta inventar la fórmula efectiva que, al igual que a los habitantes de la Fuentecilla, pudiera hacernos exclamar: *los lunes milagro.*

Zaragoza, enero de 2014

31. Los diseminados campestres en Aragón

Tres son las denominaciones de las casas aisladas en el campo aragonés —hoy muchas de ellas ruinosas, deshabitadas o integradas en el perímetro urbano— que merecieron la consideración del poder constituido y que, frecuentemente, sirvieron de escondite o de conciliábulos políticos y militares. Tuvieron su entidad y tienen su historia, que interesa recordar.

Estos *diseminados*, como podrían llamarse desde una perspectiva catastral, tienen diferentes nombres según el área en la que están situados. A saber: *Pardinas*, *Torres* y *Masías*.

Las PARDINAS, emplazadas en las altas Cinco Villas, pre-Pirineo y Pirineo ya fueron definidas por Pardo de Asso como "labor o hacienda en el monte, con casa-habitación, pastos y arbolado gencralmente". Se trata pues de explotaciones agrícolas y ganaderas que albergan una o varias familias dedicadas a las mismas.

Como bien dice Antonio Ubieto, las Pardinas apenas han llamado la atención de los investigadores, pero la palabra, que parece derivarse del latín *prada* o *pratum,* ha subsistido desde su aparición en el siglo IX hasta nuestros días. Respecto a su importancia, unas veces tuvieron su término delimitado, de gran extensión, con zona de cultivo de cereales, bosque, pastos y huerta en los barrancos, incluso con iglesia o capilla; y otras veces reducidas a pequeñas edificaciones, especialmente una caseta y establo o paridera denominadas *bordas* para el ganado, con terreno colindante.

Este autor cita más de doscientas pardinas, recogidas —dice— en su *Historia de Aragón*. Entre ellas la de *Aquabiella*, donada al monasterio de S. Juan de la Peña por el Rey Alfonso I El Batallador, y la del *Pueyo*, donada por el mismo Rey y en el mismo año de 1105 a su alférez García Jiménez.

Con el paso del tiempo, algunas Pardinas, originariamente aisladas en el monte, quedaron a la orilla de caminos reales y carreteras, cerca de las villas, lo que dio lugar a su reconversión en posadas o casas de comida abiertas al caminante, donde solían reposar campesinos y tratantes de ganados, de vuelta de las ferias y mercados comarcales. Así sucedió, por ejemplo, con un establecimiento situado a mitad de camino entre Jaca y Puente la Reina de Jaca, al que se ha conocido desde tiempo inmemorial como posada "Esculabolsas".

Históricamente, la Pardina fue considerada como sujeto de derecho diferenciado, con entidad propia, como lo demuestra la Concordia correspondiente a las Cortes de Tarazona de 1592, donde se dispone la forma de proceder cuando un bandolero o cualquier delincuente aparecía en la Pardina para intentar robar o refugiarse.

Desde el punto de vista arquitectónico, estos conglomerados compuestos generalmente por varias edificaciones, tuvieron y algunas aún conservan sus peculiaridades, entre las que podemos destacar la cubierta de los pajares, establos, graneros etc. de losa colocada sobre tasca de tierra y césped; de tal manera que en cualquier punto de la cubierta en el que apoyáramos un punzón, necesariamente y para considerar bien ejecutada la cubierta, el punzón debía atravesar tres losas hasta llegar a la tasca.

Las TORRES, fincas de regadío junto a las riberas de los ríos o de las grandes acequias madre, son espacios más próximos a la urbe, a cuyos mercados suelen suministrar frutas y verduras, pero también lugares de cobijo y recreo, especialmente en los rigores veraniegos. Inferiores en extensión y más frondosas que las Pardinas, alojan ganado estabulado y lecherías en atención a su proximidad a la ciudad., a cuyos mercados suministraban.

Entre Las Torres con significado distinto y añadido al general de agricultura de regadío y ganado estabulado, podemos citar La Alfranca, donde se encontraba Palafox cuando los prohombres de Zaragoza acudieron allí para solicitarle que se pusiera al mando de las tropas y fuerzas vivas contra los franceses que amenazaban la ciudad en el año 1808; fue entonces esta Torre lugar de encuentro y de confabulación en un momento histórico de la mayor importancia.

También merece ser recordada la Torre de Ezmir o de Esmir, próxima a Juslibol, citada por los historiadores de Los Sitios como lugar destacado que, por estar situada a relativa altura, permitía divisar la ciudad de Zaragoza y emplazar allí piezas de artillería. La citan repetidamente Faustino Casamayor y Alcalde Ibieca.

Volviendo a las Torres y a la explotación de sus productos, se debe significar la especial vigilancia que el Ayuntamiento de la ciudad ejercía sobre los carruajes del transporte e incluso sobre el equipaje de las personas que acudían cada mañana al Mercado. En las puertas de entrada a Zaragoza, nos contaba al traumatólogo Gómez Monzón y a mí un viejo torrero ya fallecido por su avanzada edad, había fielatos, o sea casetas, en las que los empleados municipales cobraban por todo lo que pasaba, registrando las mercancías mediante la introducción de punzones metálicos por las distintas partes del carro o galera. Y también había una señora que registraba a las torreras. Y cuando cerraban las puertas a la puesta del sol, la llamada ronda ambulante se dedicaba a visitar las Torres con fines fiscalizadores.

Las MASIAS, a lo largo de la historia, han sido no solo explotaciones agrícolas y ganaderas autosuficientes, aisladas en el monte al igual que las Pardinas, sino también objeto de deseo y parada obligados. Durante el siglo XIX y parte del siglo XX, fueron sucesivamente refugio de huestes en las guerras carlistas, maravillosamente manejadas, por ejemplo, por el General Cabrera, a veces objeto de expolio por los bandoleros y significativamente lugares de información, suministro y venganza durante el maquis en el decenio 1940/1950.

En el Maestrazgo, región quebrada y con bosque, propicia pues al escondite y al ataque sorpresivo de los guerrilleros que componían el maquis, existían de 400 a 500 Masías que recibían con distintos fines la visita inesperada de aquéllos, lo que provocó que en el año 1947 el Gobernador Civil de Teruel y Jefe a la vez de la V Región de la Benemérita ordenara desalojar las indicadas Masías, dentro de la operación que se vino a denominar "contrapartidas".

Las Masías subsisten como entidad arquitectónica de notoria importancia, y es por esa vía por la que aun cabe la rehabilitación y adaptación de aquéllas que presentan torres almenadas y otros elementos tan antiguos como artísticos. Sirvan de ejemplo la Masía de Fuente del Salz (Castellote), Masía de la Torre (Villarluengo), Masía de Torre Piquer (Tronchón) y Masía de Gorgue (también en Villarluengo).

Y ello, sin perder de vista las numerosas aunque modestas construcciones hechas enteramente de piedra seca, es decir sin usar ningún otro material complementario, lo que requiere una maestría especial, ya reconocida, por cierto, por el Decreto 23/2002 de 22 de Enero del Gobierno de Aragón, por el que se declaró a estas edificaciones hechas con la técnica de piedra seca bienes de interés cultural.

Pues bien, las tres formas de vivencia someramente analizadas, fueron y son hoy en buena medida entidades recónditas y aisladas, lejos de los núcleos principales de población, no exentas de cierto misterio. Y también lugares propicios para la contemplación de la naturaleza, descontaminada de ruidos, aglomeraciones y malos vapores, donde cada mañana se oye y respira la pureza de la vegetación y el canto a la vida de los pájaros, y cada anochecer se puede admirar el firmamento con auténtico asombro.

La soledad sonora de estos espacios se siente y se aprecia, sobre todo, en la brisa de aromas y murmullo que domina el espacio al atardecer. Pero embarga la nostalgia cuando se aprecia la ruina en que el tiempo de desidia y los cálculos de productividad las han dejado: piedras amontonadas, hierros abatidos, invasión de malas yerbas, abandono.

Zaragoza, julio de 2014

32. HOSPITAL INCIDENTAL: EL LENGUAJE DEL DOLOR

En los primeros días del mes de noviembre aun entraba el sol por el ventanal de las habitaciones del hospital, porque el otoño era despejado y benigno.

A pesar del dolor y del insomnio se había podido disfrutar, ya al amanecer, de la belleza exterior. Un parque. Arriba las nubes anaranjadas y abajo la masa boscosa y la danza de los estorninos revoleteando sobre la bóveda formada por las copas de los pinos, en un ir y venir raudos, en vuelos caprichosos y sincopados, hasta ocultarse entre las ramas coincidiendo con la salida del sol.

La contemplación de esos fenómenos de la naturaleza suponía un alivio para los enfermos. Ocurría lo mismo al atardecer, cuando el astro rey se batía en retirada. De nuevo los estorninos, las nubes rojas, la luz del día apagándose y por fin la sombra confusa.

Llegaba una vez más la noche con sus incertidumbres y congojas. Espacio de meditación, mezcla de ansias por la curación y de temores por el curso de la enfermedad. La noche larga, los desvelos, las interrupciones...

Durante la noche, en el pasillo de la Planta que servía de acceso a las habitaciones situadas en línea, la luz era tenue y el chasquido de los carritos con aparatos y medicamentos se hacía más leve, porque cada uno de los pacientes estaba replegado en su lecho y en su dolor.

Ese dolor que una veces vibraba íntimamente en la soledad del espacio hospitalario, sin manifestarse apenas, y otras veces se expandía hacia familiares y amigos, quienes recibían los lamentos y los compartían con mayor o menor sinceridad, aunque en ambos casos existía el lenguaje del dolor, puesto que el dolor siempre emite signos. Es un lenguaje primario expresado a través de gestos, muecas, quejidos, revoloteo de miembros del cuerpo y, a veces, también lágrimas.

En aquella Planta podían comprobarse las dos formas del dolor hospitalario, el íntimo y el expansivo. Y así:

La habitación X estaba ocupada por un hombre enjuto y ojeroso, de avanzada edad, al que la necesaria posición en el lecho después de la intervención quirúrgica le obligaba a incorporarse con frecuencia. Junto a él una mujer callada y solícita, presta a la ayuda y al consuelo. Ninguno de los dos emitía queja alguna ni solicitaban más allá de lo imprescindible frente a enfermeras y auxiliares. A esta habitación apenas se acercaban otros visitantes que no fueran los familiares más allegados, quienes mantenían un comportamiento discreto, sin aspavientos.

Entre episodio y episodio, o poco después de haber soportado los pinchazos propios del suministro de medicamentos o de extracciones de sangre, este enfermo cerraba los ojos y en voz baja repetía la jaculatoria de la Santa de Ávila: nada te turbe, nada te espante, todo se pasa

...

En cambio, en la habitación Y –contigua– no faltaba la algarabía. Ocupada por un joven de etnia gitana estaba siempre a rebosar. Era incesante la llegada de parientes cuyos efusivos saludos trascendían a las habitaciones próximas. Resonaban las palabras y parecía que el dolor se diluía y era asumido por los acompañantes. Primos venidos de todos los confines de la geografía regional para participar en el dolor y sostener el ánimo. Flotaba como un espíritu de triunfo, como un enfrentamiento étnico para vencer la enfermedad.

Y en el centro de la habitación, sentado en una silla con su bastón y su sombrero de fieltro, permanecía el patriarca –pastor evangelista– hierático y silencioso porque era el único que no precisaba hablar para que todos le entendieran y respetaran; únicamente pronunciaría la última palabra si la situación lo requiriera, además de dirigir –como lo hizo– la lectura de la Biblia mientras el paciente estaba siendo operado.

Desde el pasillo y las habitaciones pudo escucharse la lectura que, con voz pausada pero enérgica, emitía el patriarca rodeado de los numerosos miembros de la etnia que le escuchaban atenta y respetuosamente. Recitó algunos pasajes bíblicos relativos a la enfermedad, la vida y la muerte.

En aquella Planta de habitaciones alineadas y largo pasillo, los enfermos deambulaban durante el día, meditabundos, de uno a otro extremo; y de vez en cuando recalaban para sentarse en la estancia común situada al fondo, desde la cual la belleza de los exteriores parecía más cercana.

En este contexto fue admirable observar cómo el dolor generalizado abatía la soberbia, ensalzaba la humildad, suprimía las diferencias sociales y fomentaba la amistad. Los enfermos y sus familiares se estrechaban la manos, sonreían, se aconsejaban y confiaban mutuamente sus dolencias y sus avatares, como si se tratara de vecinos de toda la vida. Y asimismo admirable fue comprobar que el dolor acercaba al enfermo a su Religión, cualquiera que ésta fuera.

En las horas previas al descanso nocturno, los familiares consumían lo últimos momentos de su asistencia mientras paseaban a lo largo del pasillo sorteando el tráfico de enfermeras y auxiliares que empujaban carritos con medicinas y alimentos. Rostros unas veces risueños ante la proximidad del alta y otras veces entristecidos por las complicaciones surgidas y la incertidumbre del final.

Pero semblantes siempre amables y solidarios, incluso los de aquel muchacho que consumía su juventud en la habitación, del que siempre se decía que iba a marchar enseguida a su casa pero que nunca era dado de alta. Aquel muchacho con enfermedades asociadas que producía una tristeza infinita y que había visto llegar y salir varios compañeros de aposento mientras él permanecía como si fuera un residente de la Planta. Los padres le querían y le mimaban, sus amigos le obsequiaban, las enfermeras le trataban familiarmente como si estuviera incorporado de forma definitiva y no incidental al hospital.

A la hora de recibir el alta y después de la entrevista con el médico, las despedidas estaban henchidas de emoción y de promesas. Una gran parte de la humanidad y espíritu de sacrificio de los cirujanos, médicos residentes y resto de personal hospitalario se había traspasado al enfermo que salía hacia su hogar. Seguro que ya en sus casas, los enfermos y familiares de aquella Planta y de aquel noviembre recordarían siempre no solo los atardeceres y ocasos encendidos, de nubes rojas y vuelos de pájaros, sino también los versículos del patriarca unos y la jaculatoria de Sta. Teresa otros.

Y todos ellos, sin excepción, la figura de la enfermera rubia de semblante triste y melancólico que rebosaba, no obstante, una alegría interior contagiosa y que compartía el dolor de los pacientes, sus angustias, sus pasajeros gozos y sus esperanzas. Y la figura de la auxiliar de enfermería de voz cantarina y auténtico acento andaluz, próxima y a la vez respetuosa, dando consejos tímidamente con la mejor voluntad; la misma que en la primera fase de la noche, desalojado ya el pasillo, iba arrastrando su carrito repleto y abría las puertas de las habitaciones para ofrecer a los enfermos, amorosamente, un vaso de leche o un zumito.

Zaragoza, febrero de 2015

33. EL VOCABULARIO DE ARAGÓN. GÉNESIS DEL MANUSCRITO 32-D DE LA RAE

En el año 1.924, Juan Moneva y Puyol remite a la Real Academia Española un Inventario léxico manuscrito, que titula *Vocabulario de Aragón*. Se trata de un documento histórico considerado como el repertorio de habla aragonesa más relevante del Siglo XX.

No obstante, este manuscrito, a pesar de su existencia real con la signatura 32-D de la RAE, no fue descubierto y difundido hasta el año 2.000, fecha en la que se comprueba que contenía la documentación léxica recopilada por el ESTUDIO DE FILOLOGIA DE ARAGON y que aparecía como el borrador del entonces pretendido Diccionario Aragonés.

El ESTUDIO DE FILOLOGIA DE ARAGON surge del interés de un grupo de intelectuales por el estudio de las modalidades filológicas aragonesas, y tiene lugar bajo el patrocinio de la Diputación Provincial de Zaragoza en el año 1.915. Al frente y como Director del mismo, figuró el ya mencionado Juan Moneva. En la Memoria de ese mismo año se explica la mecánica seguida en la formación de lo que sería Diccionario Aragonés, advirtiéndose que, al no hallarse científicamente organizado el contenido de nuestro léxico, la clasificación se limitaba a las voces arcaicas (reflejadas en cartulinas de color rojo) y las demás palabras (a reflejar en cartulinas de color azul, que en su parte inferior llevarían la indicación del lugar de donde procedían y el nombre de quien las aportaba).

A tales efectos, se cursó invitación por medio de los Boletines Oficiales a todas las personas aptas por su ciencia, experiencia y voluntad, para que ilustraran al ESTUDIO con nuevos significados pertenecientes al lenguaje vulgar, y también sobre la toponimia, de gran interés filológico. Se esperaba de todas ellas que aportaran –como así sucedió– voces aragonesas, modos adverbiales, giros, refranes, nombres de parajes, caminos, montes, edificaciones etc.

La filosofía del ESTUDIO no era pues la de reconocer y regular el uso simultáneo de varias lenguas, o mejor dicho de distintas variaciones de lenguas dentro de los límites geográficos de Aragón, sino la de constatar y reflejar las modalidades filológicas aragonesas (fragatino, masino, "chapurriau", cheso, hablares del Aragón medio etc.). Esto, que parece pugnar con determinadas aspiraciones políglotas actuales en Aragón, se comprueba perfectamente en la *Edición y Estudio del Vocabulario de Aragón*, de Juan Moneva y Puyol, que publicó en el año 2.004 José Luis Aliaga Jiménez. En este diccionario se reflejan, en cada palabra, el ámbito geográfico donde su usaban.

No puede pasarse por alto, al respecto, que por deseo de sus fundadores, uno de los secretarios redactores del ESTUDIO debía ser una mujer universitaria, lo que originó que esa secretaría fuera ocupada, sucesivamente, por dos eminentes figuras aragonesas, a saber: Aurea Javierre Mur y María Moliner, ambas pertenecientes al Cuerpo de

Archiveros. La primera de ellas desempeñó en la última etapa de su vida sus funciones en el Archivo de la Corona de Aragón; y la segunda, como es más conocido, llevó a cabo la monumental obra del *Diccionario de Uso del Español*, vulgarmente el *María Moliner*. Estas dos ilustres investigadoras publicaron importantes trabajos sobre historia y documentos de gran repercusión.

Habrá que destacar que Don Juan Moneva, aquél viejo gruñón, atesoraba entre sus numerosas virtudes, la intuición y el sentido del progreso suficientes para prevenir el futuro papel que las mujeres debían desempeñar en las tareas intelectuales y científicas. Y acertó plenamente al elegir Aurea Javierre y María Moliner.

Después, don Juan hubo de soportar los penosos avatares a que fue sometido su querido ESTUDIO de FILOLOGÍA, a consecuencia de los cambios políticos que se sucedieron. Así, la dictadura de Primo de Rivera en el año 1.925, que suprimió la subvención de la Diputación Provincial; lo que de nuevo ocurrió al advenimiento de la 2ª República.

Al estallar la Guerra Civil, la propia Diputación ordenó el desmantelamiento del ESTUDIO, debilitándolo hasta su extinción a comienzos de la década de los cuarenta.

Ahora nos encontramos ante un Estudio de Filología de Aragón redivivo, cuya función y actividad no parece ser lo suficientemente influyente como para evitar las polémicas que de vez en cuando asoman a los medios de comunicación y en las que se discute acerca de si en Aragón se deben o no reconocer oficialmente una o varias lenguas.

La confusión está servida. ¿No sería útil y esclarecedor repasar las ideas y los trabajos desarrollados por el primitivo Estudio que creó y dirigió contra viento y marea aquél patricio aragonés, incorruptible, azote de pedantes y crítico mordaz de eruditos a la violeta?

En la recopilación de documentos relativos a aquel Estudio de Filología de Aragón, impresa en la imprenta del Hospicio provincial en el año 1916, figura el acuerdo de la Corporación provincial de nombrar, con el carácter honorífico y gratuito y como Consejeros del ESTUDIO a los señores don Domingo Miral y Lopez, Mosen Enrique Barrigón y Gonzalez, don Salvador Minguijón Adrián, don Luis Jordana de Pozas y don Miguel Sancho Izquierdo, siendo presidente de la Diputación don Enrique Isábal. Este plantel de humanistas, entonces activos en las Facultades de Derecho y Filosofía y Letras, se movieron en realidad bajo el denominador común de crear la ACADEMIA DE ARAGON como Centro de la cultura aragonesa, a la que se llegaría a través del estudio del lenguaje propio y su plasmación en el Diccionario, como primer y sustancial estadio; no en vano el lenguaje es como la sabia que vivifica el árbol de la cultura y de la ciencia.

Puede comprobarse que en el apartado XI de los estatutos del ESTUDIO figura, como objeto del mismo, la formación del Diccionario Aragonés, la formación del cancionero aragonés, la publicación de textos y diplomatarios de carácter histórico, jurídico, técnico de diversos órdenes etc., la explicación de conferencias y lecciones relativas a las diversas materias o estudios que de estos se deriven.

Parece indiscutible que el afán colectivo de los Consejeros y del Presidente del ESTUDIO, Don Juan Moneva y Puyol, era universal o de altos vuelos, en el sentido de crear con el tiempo un Órgano más amplio que compendiara la cultura aragonesa.

Zaragoza, mayo de 2015

34. Los procesos en la literatura (II)

Dos son también los procesos elegidos del libro de Braulio Foz, personaje nacido en Fórnoles (Teruel), fundador del periódico *Eco de Aragón*, catedrático de humanidades clásicas y decano de la Facultad de Letras de Zaragoza.

Dichos procesos son los que aparecen en los capítulos IX y XV, respectivamente, del Libro Tercero de su obra "Vida de Pedro Saputo".

Muy a su gusto vivía Pedro Saputo en Almudévar cuando ocurrió un caso que le afligió sobremanera.

Considerado por todos los habitantes del lugar como sabio, le participaban los asuntos colectivos y esperaban siempre de su buen criterio y de sus relaciones la mejor solución para el bien común.

El caso fue que el herrero del pueblo, persona maltratadora, estrafalaria y de muy malas chanzas, se enfureció sobremanera con su mujer porque esta le llevó el almuerzo frío. Y, energúmeno de él, tomando enfurecido un hierro golpeó a su cónyuge, de tal manera que la sufrida e infeliz expiró en unos instantes.

El suceso causó gran pavor e indignación entre los habitantes de Almudévar, quienes le prendieron enseguida y lo pusieron en la cárcel, juzgándole aquel mismo día y condenándole a muerte.

Ya estaba la horca levantada y todo el pueblo en la plaza esperando la ejecución cuando, subiendo uno del pueblo sobre los hombros de otro gritó: ¡qué vais a hacer, hijos de Almudévar!, ¿qué haremos después sin herrero, que sólo tenemos uno?, ¿quién errará nuestras mulas?

Mirad lo que se me ha ocurrido: *en vez de ahorcar al herrero, que nos hará después mucha falta pues está el solo, ¿por qué no ahorcamos a un tejedor, que tenemos siete y por uno menos no hemos de ir sin camisa?*.

¡Tienes razón, tienes razón!, gritaron todos. Ahorquemos a un tejedor.

Y sin más que esta voz y grito, cogieron al primer tejedor que toparon, le llevaron a la horca, le subieron y le ahorcaron poniendo en libertad al herrero.

Se enteró Pedro Saputo, es decir Pedro el sabio, de tamaña atrocidad e injusticia. Corrió a la plaza y llenose de tanto horror que se volvió a su casa mudo de palabras y frío el corazón. Y se sintió tan a disgusto, que pensó: DESDE LUEGO, NO ESTÁ CLARO QUE LA JUSTICIA PROVENGA Y DEBA ADMINISTRARLA EL PUEBLO.

Y tomó la espada y una mula y se fue a pasar unos días fuera para tratar de olvidar lo que desde entonces se conoce como *"la justicia de Almudévar"*.

El segundo proceso cabe exponerlo así:

Dicen que mientras Pedro Saputo estuvo en la Corte ampliando estudios y experiencias, a la vez que ganando amistades en pro de su pueblo, pusieron los de su lugar *un pleito al sol,* porque siempre les hería de frente en el camino de Huesca, tanto al ir como al volver, y ya eran dos los que se habían tornado cegatos y guiñolentos.

Al regresar de su viaje, Pedro Saputo hubo de escucharles y prestarse a interceder. No en vano, era como el oráculo al que se preguntaba por todo. Pues bien, les prometió que el pleito se acabaría en breve y que además lo ganarían.

Se puso al habla con el Letrado a quien habían solicitado que escribiera la demanda, que por supuesto no había escrito. El abogado les había dicho que ponerle un pleito al sol era un disparate por mucho que les diera en la cara cuando venían a Huesca y cuando se volvían al lugar; pero no pudo disuadirles, intentando después asustarles con los cuantiosos gastos que se originarían.

Pedro Saputo se rió con el Letrado, estuvo paseando por Huesca dos días y al tercero volvió a Almudévar, convocando al pueblo en Asamblea. Allí les comunicó que habían ganado el pleito al sol, de manera que en adelante no sería osado herirles en la cara ni tornarles cegatos, y por lo tanto nadie en adelante les podía llamar guiñosos. Seguidamente procedió a la lectura de la sentencia, y al terminar añadió:

> Con el dinero recogido y sobrante del pleito, que según calculo pasa de mil libras jaquesas se podría hacer un pozo de piedra para tener agua abundante y buena en todo tiempo, pues al fin y al cabo somos de secano.

La idea no gustó a pesar de que procedía de quien estaba considerado como el sabio del lugar. Hubo quien dijo que mejor una fuente o manantillo de vino, pero una voz dominante y luego muchas más gritaron que el dinero se empleara en reconstruir los muros y hacer unas puertas para cerrar de noche y que no entraran los malhechores.

Conviene recordar que una semana antes habían venido y mataron perros, asustaron a la comadre, *encorrieron* al hornero viejo y se llevaron a la hija de Jorge Resmello, más conocida por la "Resmella", que seguramente, si la devolvían al pueblo no valdría ya para gran cosa.

Toda la concurrencia aplaudió unánime lo relativo a los muros y las puertas para la defensa. Mientras, Pedro Saputo calló, se encogió de hombros y se fue a su casa reflexionando sobre la ligereza y facilidad del pueblo, que en una hora muda de afectos aclamando con vivas lo que antes amenazó con muerte. Y quedó sumido en la duda acerca del dicho de que el pueblo nunca se equivoca.

Zaragoza, agosto de 2015

35. El primitivo Hospital de Nuestra Señora de Gracia. Sus particulares privilegios

A ctualmente, apenas se escribe ni se habla de las más antiguas Instituciones aragonesas, entre ellas el Hospital de Nuestra Señora de Gracia de Zaragoza, todavía en activo, que tanto prestigio y gloria ha dado a esta tierra a lo largo de los siglos.

Recordemos que fue fundado en el año 1425 por el rey Alonso V El Magnánimo, conmovido por el hecho de que, no siendo suficientes los establecimientos de salud existentes en Zaragoza, los enfermos deambulaban dolientes y desesperados, durmiendo en las calles en condiciones inhumanas, a merced de la caridad

El rey adquirió varias casas en los alrededores del monasterio de San Francisco (actual emplazamiento de la Diputación Provincial), construyendo el Hospital en los terrenos comprendidos entre lo que hoy forma el último tramo del Paseo de la Independencia-Plaza España, el Coso y las calles Porcel y Santa Catalina; espacios en los que instalaron, a lo largo de los siglos XV y XVI, los edificios que albergaban a los locos, infecciosos, la enfermería con sus distintas salas, la iglesia, el teatro, el mesón y el horno, dejándose la parte posterior, es decir, hasta las calles Porcel y Sta. Catalina, para corrales y huerta.

En la creación del Hospital participaron no solo la Corona, sino también la Iglesia y muy particularmente el pueblo, en un afán común que se veía estimulado por la fama que sus métodos y organización causaban dentro y fuera de nuestras fronteras.

A partir del año 1540 se ampliaron sus servicios y dependencias, separando las diferentes clases de enfermos. Y así, el Hospital quedó estructurado de la siguiente forma: departamentos de locos, de expósitos, de tiñosos, de parturientas y del resto de enfermos. Para estos últimos hubo dieciocho salas, doce para hombres (7 de calenturas, 2 de cirugía, 1 de bubas, 1 de convalecientes y 1 de vergonzantes), y siete para mujeres (2 de calenturas, 1 de cirugía, 1 de bubas, 1 de convalecientes y 1 de *magdalenas*).

La creación de las salas de bubas (venéreas) se debió al notable incremento de las enfermedades sexuales después del descubrimiento de América. La sala de las *magdalenas* estaba destinada, naturalmente, a las mujeres decrépitas, generalmente extintas de la prostitución. Las salas de vergonzantes estaban aisladas para que no se pudiera ver la ruina a la que sus moradores habían llegado.

Fue este Hospital el primer hospital psiquiátrico de Europa y así lo manifestaron entre otros el célebre especialista y filósofo Dr. Pinel tras una visita que cursó al establecimiento avanzado ya el siglo XVIII.

En el Hospital Nuestra Señora de Gracia, de Zaragoza, en contra de la práctica universalmente admitida, no se internaba al loco para separarlo por completo del exterior y mantenerlo en total aislamiento, sumido en mazmorras y apresado en cadenas y camisas de fuerza, sino que se planteó y desarrolló como tratamiento el trabajo de los dementes en el cultivo de la huerta, como el modo más eficaz para recobrar la razón. Se valoró el trabajo manual como antídoto a los extravíos del entendimiento, especialmente las labores agrícolas, por el deleite que el cultivo de los campos proporciona.

Alonso V, en las ordinaciones que mandó redactar para el régimen y gobierno de la Institución, permitió al Hospital quedarse con los bienes de los que fallecieran en él, siempre que ello no supusiera agravio para los hijos del finado, lo que parece indicar que había un trámite de comprobación acerca de la voluntad y perjuicio real que la aplicación estricta de las ordinaciones pudiera causar en este punto a los herederos legales.

Esta prerrogativa o privilegio real es el precedente de las normas que, invariablemente y hasta nuestros días, con pequeñas variaciones de matiz, han figurado siempre en las Compilaciones del derecho propio de Aragón. El artículo 536 del vigente Código de Derecho Foral de Aragón establece:

> En los supuestos del art. anterior (en defecto de las personas legalmente llamadas a la sucesión), el Hospital de Nuestra Señora de Gracia será llamado, con preferencia, a la sucesión de los enfermos que fallezcan en él o en establecimientos dependientes.
>
> Previa declaración judicial de herederos, la DGA destinará los bienes heredados o el producto de su enajenación a la mejora de las instalaciones y condiciones de asistencia del Hospital.

El Hospital prosperó al recibir asimismo la protección de los monarcas sucesivos, concretamente Juan II y Fernando El Católico, y asimismo el apoyo de la Iglesia, que promulgó varias bulas, entre las que cabe destacar la llamada MAGNA del papa Clemente VII en 1526, por la que se concedía al Hospital Nuestra Señora de Gracia, de Zaragoza, los mismos favores que se habían otorgado antes al Hospital de Santiago, de Galicia y a la Hermandad de La Caridad, de Roma, entre otros; es de resaltar que esta bula papal se publicó en todos los pueblos de Aragón, conforme al itinerario señalado al efecto en un Libro de Veredas.

El emperador Carlos V, además de tomar el Hospital de Zaragoza como modelo para su fundación de Praga, eximió a aquél del pago de tributos de sus propiedades y obligó a todos los cofrades de Nuestra Señora de Gracia, fundada por él, a dar un cuarto de trigo por casa y año.

Desde el advenimiento de este emperador, la ciudad de Zaragoza rendía testimonio de afecto a la Institución un día al año, en ceremonia celebrada en la iglesia del propio Hospital a la que asistían la Diputación del Reino de Aragón, el Concejo y los Tribunales de Justicia; al finalizar el servicio religioso, se entregaban 1000 ducados y 300 arrobas de lana lavada para los enfermos.

Pero la contribución más importante fue la del pueblo, entrañablemente unido a la existencia y funciones humanas y caritativas (si se prefiere solidarias y sociales) que la Institución desempeñaba. Fueron numerosas las donaciones, mandas, legados y limosnas. El apoyo popular permitió la adquisición de la Torre del Gállego, otras fincas de menor importancia y varios rebaños de ganado lanar, con la ventaja –impuesta por el Concejo en el año 1539– de que los ganaderos del término municipal venían obligados a llevar y pastar gratuitamente 600 cabezas de esos rebaños. Fue también el Concejo quien autorizó la construcción de una Casa de Comedias, que efectivamente se levantó en el año 1589 y supuso una importante fuente de ingresos para el Hospital.

Ya en el siglo XVII las Cortes de 1677 y 1678 autorizaron al Hospital para el establecimiento de un Monte de Piedad y de una imprenta en la que se imprimirían obligatoriamente todos los libros de gramática de las escuelas de Aragón. A comienzos del siglo XVIII, concretamente en el año 1710, la reina Gobernadora dictó una cédula, en virtud de la cual los escribanos del reino venían obligados a preguntar a los testadores si dejaban algo al Hospital.

Es evidente que muchas de las prerrogativas que han quedado reseñadas cayeron en desuso o se hicieron de imposible aprovechamiento con la evolución de los tiempos. Así ocurrió con la explotación de la Torre del Gallego, los ganados que pastaban y eran cuidados de balde, la Casa de las Comedias, la ceremonia del Viernes de Dolores a cuyo final se entregaban los ducados y la lana, el Monte de Piedad y hasta la imprenta. UNICAMENTE HA PERDURADO EL PRIVILEGIO SUCESORIO.

Pero lo más doloroso fue que el 3 de agosto de 1808 los franceses arrasaron el Hospital en un bombardeo inmisericorde que destruyó todos los pabellones, excepto el de los dementes; al día siguiente lo saquearon e incendiaron.

La ruina y la desamortización acabaron con el primitivo Hospital después de 400 años de existencia, aunque como el Ave Fenix, renació después de sus cenizas para constituirse de nuevo en el actual emplazamiento, con idéntica estimación y apoyo del pueblo y de las demás Instituciones

Zaragoza, octubre de 2015

36. El verdadero origen y destino de los almogávares. Especial referencia a Santa Isabel de Portugal

El término almogávares proviene del árabe *al-mugawar*: el que realiza incursiones. Los almogávares fueron guerreros de infantería de la Corona de Aragón, que intervinieron no solo en la Reconquista española, sino también en Sicilia, Grecia y Asia Menor, y terminaron por conquistar los ducados de Atenas y Neopatria.

Para algunos cronistas oficiales de la Comunidad de Cataluña, también los almogávares fueron exclusivamente catalanes en su origen y desarrollo. Con afán independentista, a espaldas del sentir del pueblo, numerosos políticos *de aluvión* de la actual Cataluña vienen falseando la historia y mostrando, con la mayor osadía, un desmedido sesgo expansionista que les lleva a afirmaciones absurdas y disparatadas, tales como considerar territorio catalán la zona oriental de Aragón que ellos denominan franja; es decir, los pueblos y terrenos que limitan con las provincias de Lérida y Tarragona donde, por cierto, no se habla el catalán puro, en sentido estricto, sino una fabla nutrida de vocablos aragoneses históricos en mezcla por proximidad con otros propios de la fonética catalana.

Ya desde niño oía yo en el colegio referencias al "Chapurriau " y al " Fragatino ", por ejemplo.

Pues bien, volviendo al tema principal, es preciso dejar patente, en contraposición a las peregrinas manifestaciones de determinados pseudohistoriadores, que los almogávares existían y guerreaban para el rey aragonés antes de la unión del Reino de Aragón y el Condado de Barcelona.

Ya en los siglos X y XI, los pastores pirenaicos que habían sido expulsados de sus tierras por la invasión musulmana, se vieron obligados a organizarse en bandas y penetrar en los dominios enemigos en busca de lo necesario para subsistir. Poco a poco se convirtieron en auténticos soldados, bravos, rudos, fuertes y aguerridos, que luchaban a pie con armas ligeras, golpeando sus lanzas contra el suelo y rozando un pedernal con sus armas para que saltaran chispas, entrando en combate bajo el grito *desperta ferro*. Otras veces los gritos eran *Aragón Aragón y San Jorge,* con lo que invocaban la Casa Real por la que luchaban y el patrón de la misma.

La primera vez que se usa el término almogávares es precisamente en la Crónica del Moro Rasis, escrita hacia el año 900 de la Era cristiana, cuya Crónica y respecto al valle del Ebro, hace referencia a unas tropas presentes en la ciudad de Saraqusta:

> Y la cidad de Saraqusta fue durante mucho tiempo camara de Almojarib, y fue la escogida de los guerreros y cuando combatían la ciudad de Saraqusta, i combatían todos els acalles; almogávares para ellos la escogían.

Zurita, en los Anales de Aragón, sitúa a los almogábares en la época de Alfonso I el Batallador, hacia los años

1100 de nuestra Era, en la fortaleza de El Castellar, preparados para el asalto y conquista de Saraqusta:

> De allí fue discurriendo y tomó el lugar de Thauste junto a las riberas del Ebro, el cual ganó por la valentía y grande esfuerzo de don Bachalla. Y poco después comenzó a poner gente plática en la guerra y muy ejercitada en ella, que llamaban almogávares, en el Castellar para que estuvieran en frontera contra los moros de Zaragoza.

En el siglo XIII, integrados ya los almogávares no solo por aragoneses sino también por catalanes, son contratados por el rey Pedro III de Aragón, quien los utiliza para defender su reino y también para las expediciones de Túnez y Sicilia. Además de representar un importante papel en la defensa y avance de la Corona de Aragón, los almogávares participan en las Vísperas Sicilianas, en el alzamiento de los nativos contra los franceses.

En el siglo XIV realizan las gestas de Oriente, principalmente en una expedición que se debió a varias circunstancias, entre ellas, el deseo de Federico II de Sicilia de apartarlos de sí y la urgente necesidad de tropas aguerridas que tenía el emperador bizantino para enfrentarse al peligro turco.

Es entonces cuando los almogávares forman la Gran Compañía Catalana, denominada así porque –conforme explica el profesor Guillermo Fatás– los bizantinos, en la otra punta del Mediterráneo, no conocían a los aragoneses y sí a los catalanes por su actividad náutica y mercantil y llamaron al todo por la parte conocida. Pero los integrantes de tal Compañía eran no solo catalanes sino también y en gran número aragoneses, valencianos, bizantinos y de alguna otra región. Y la Compañía se regía –como también recuerda el Profesor Fatás– por los *foros aragoniae vel consuetudines barchinoniae*, es decir, por los Fueros de Aragón y los Usatges de Barcelona.

Finalmente, diremos que fueron también los almogávares quienes rindieron honores a la Infanta de Aragón, Isabel, hija del rey aragonés Pedro III El Grande y nieta de Jaime I El Conquistador, rey asimismo de Aragón.

A esta infanta de gloriosa memoria, canonizada en mayo de 1625 por el Papa Urbano VIII, se le conoce como Santa Isabel de Portugal por haber contraído matrimonio con el rey portugués Don Dionis y convertirse por tanto en reina de dicha nación y siglos después santa. Los desposorios se celebraron en Barcelona sin la presencia de Don Dionis y la asistencia, en su representación, de Blasco Pérez, oficiando el arzobispo de Valencia. En el puerto de Barcelona, los almogávares dieron las salvas de ordenanza a la princesa Isabel y nueva reina de Portugal, bajo las órdenes de su padre Pedro III El Grande.

Después, Don Dionis y Doña. Isabel confirmaron aquellos desposorios y lo hicieron bajo las bóvedas del templo de San Barlomé en la villa portuguesa de Troncoso.

En el otoño, estos reyes hicieron su entrada triunfal en Coímbra, la ciudad más portuguesa, parnaso de la lusitania, cuna de su nacionalidad y de su cultura, centro neurálgico de una región de ensueño, donde las colinas descienden en ondulada suavidad hacia El Mondego, rio romancero y cauce del saudosismo.

Y fue en Coímbra, especialmente, donde la princesa nuestra, trasladada a un país extranjero, recordaba a los almogávares, de cuyas hazañas tanto había oído hablar de niña y adolescente. Recordaba con cariño y agradecimiento a aquellos rudos guerreros que fervorosamente la despidieron en el puerto el día de su desposorio, los mismos que su padre había reorganizado y con los que tantas batallas había ganado para gloria de Aragón.

En una cámara del castillo de la Aljafería de Zaragoza, hay (o había) una lápida de mármol con la siguiente inscripción:

> Aquí nació Santa Isabel, reina de Portugal A.D. 1271, nieta de Jaime I El Conquistador e hija de Pedro III de Aragón. Casada con Don Dionisio, rey de Portugal, fue canonizada por Urbano VIII en mayo de 1625.

Pues bien, a pesar de todo, no sería de extrañar que cualquier día, uno de esos historiadores mixtilíneos nos salga con la monserga de que no solo fueron catalanes Cristóbal Colón y Santa Teresa de Jesús —como ya han afirmado— sino también nuestra entrañable Infanta que devino reina y santa: Isabel de Aragón —Santa Isabel de Portugal.

Zaragoza , noviembre de 2015

TAMBIÉN EN Lecturas hispánicas

www.lecturas-hispanicas.com

- ✓ Las constituciones españolas. Textos completos
- ✓ Informe sobre la Ley Agraria de Jovellanos y las Cartas de Cabarrús.
- ✓ Las Nacionalidades (F. Pi y Margall)
- ✓ Abogados (Servando Gotor)
- ✓ La Horda, (Vicente Blasco Ibáñez). En preparación
- ✓ El corazón de las tinieblas (Joseph Conrad).
- ✓ Conocer a… el arte moderno (Servando Gotor). En preparación
- ✓ Conocer a… Mata Hari
- ✓ Conocer a… Brujería y exorcismos en España
- ✓ Conocer a… El Gran Capitán
- ✓ Conocer a… los Borgia
- ✓ Huella de almas (Francisco Acebal)
- ✓ Aires de Mar (Francisco Acebal)
- ✓ Batiéndome en retirada (JAVI)
- ✓ Ossa Árida - El Papa Luna (Servando Gotor)
- ✓ Shakespeare (Victor Hugo)
- ✓ Molière por Moratín (El médico a palos y La escuela de los maridos)
- ✓ Nerón. Su vida y su muerte
- ✓ Diálogos del Orador (Marco Tulio Cicerón, con notas de Servando Gotor)
- ✓ Aequilibrium (Ángel Ferrer)
- ✓ Esta sombra no es mía (Juan Serrano)
- ✓ Merodeando el desnudo femenino (Narciso de Alfonso)
- ✓ Entre las ruinas del cielo (Servando Gotor)
- ✓ Todo amor es grande (Propercio en la versión de Mariano Berdusán)
- ✓ La invención de la Taberna (Antonio Envid)
- ✓ El color de mi cristal (Mariano Berdusán Cabellos)
- ✓ A beneficio de inventario (Antonio Envid)
- ✓ Bárbara Blomberg (Servando Gotor)
- ✓ Serafita (Honoré de Balzac, con traducción de Narciso de Alfonso)
- ✓ Confusión de confusiones (José de la Vega, edición y notas a cargo de Antonio Envid)
- ✓ El guacamayo azul (Narciso de Alfonso y Servando Gotor)
- ✓ La tía Tula (Miguel de Unamuno)
- ✓ ¿Crisis? Nunca pasa nada (Servando Gotor)
- ✓ Niebla (Miguel de Unamuno)
- ✓ Aura o las violetas (J. M. Vargas Vila)

- ✓ Cajal. Cuentos y enredos (Servando Gotor)
- ✓ El Greco (Manuel B. Cossío).
- ✓ El amor y las moiras (Servando Gotor)
- ✓ El tenue aroma de la acacia (Antonio Envid)
- ✓ El Papa del Mar (Vicente Blasco Ibáñez)
- ✓ La ciudad sin faro (Servando Gotor)
- ✓ Los amantes de Teruel: las dos versiones íntegras y una reseña crítica de Larra (J. E. Hartzenbusch).